デザイン
ビジネス
選書

スゴ編。

カリスマ編集者から学ぶ7つの仕事力

編集者.jp 編著

美術出版社

はじめに

１９９７年以降、出版業界は市場規模が年々縮小しています。

加えて１００年に一度の未曾有の不況といわれる現在、出版社をはじめ出版に携わる多くの関係者には大変厳しい状況が続いています。

この出版業界をなんとか盛り上げようとするさまざまな活動がありますが、本書では、優れた著作を世に送り出そうと奮闘する編集者に焦点をあて、本作りの最前線を１冊の本にまとめました。

これまで黒衣として活動し、表舞台に出ることの少なかった編集者たちはどんなことを考えているのか？

あの本はどうやって作られたのか？

そもそも編集ってなんだろう？

本書では、そんな疑問にお応えするため、編集者たちの哲学や仕事術を７つの力に分類し、紹介していきます。

「スゴイ編集者」の７つの仕事力

・インプット力
どのように情報を集め、それらを自分の知識に置き換えているのか。
・企画力
企画はどこで生まれるのか。アイディアはどう育てるのか。
・コピー力
人を引きつけるタイトルやコピーはどのようにして作られるのか。
・時間管理力
複数の企画が平行する中でどのように時間を管理しているのか。
・コミュニケーション力
著者やデザイナーをはじめとした本を支えるスタッフとどう接しているのか。
・楽しみ力
自身が生み出す仕事をどう楽しんでいるのか。
・分析力
時代の流れを素早く察知するために何をしているのか。

これらの力は本作りだけに特化したものではありません。すべての商品開発（もの作り）に当てはまるはずです。

なぜ彼らが作る本は売れるのか？

その答えが本書の中に詰まっています。
本書がご覧いただいた皆様の一助となれば幸いです。

２０１０年４月

編集者・ｊｐ　編集長　萩原弦一郎

はじめに …… 003

目次 …… 006

スゴ編 No.001

クロスメディア・パブリッシング

小早川《こばやかわ》 幸一郎《こういちろう》 さん …… 013

『超地域密着型マーケティングのススメ』平岡智秀 著／『とにかくすぐやる人の考え方・仕事のやり方』豊田圭一 著／『20代、お金と仕事について今こそ真剣に考えないとヤバイですよ！』野瀬大樹・野瀬裕子 著／『営業マンのここが嫌い』高橋宗照 著／『営業マンは断ることを覚えなさい』石原明 著／『株・投資信託、いま損を抱えている人の投資の処方箋』中桐啓貴 著

スゴ編 No.002
スカイライター
川辺《かわべ》 秀美《ひでみ》 さん …… 035
『厚生労働省崩壊』木村盛世 著／『ウケる技術』水野敬也・小林昌平・山本周嗣 著／『カリスマ編集者の「読む技術」』川辺秀美 著／『22歳からの国語力』川辺秀美 著

スゴ編 No.003
PHP研究所
太田《おおた》 智一《ともかず》 さん …… 059
『会計天国』竹内謙礼・青木寿幸 著／『ドアラのひみつ』ドアラ 著／『ドアラのへや』ドアラ 著／『つば九郎のおなか』つば九郎 著／『投資ミサイル』／竹内謙礼・青木寿幸 著

スゴ編 No.004

ダイヤモンド社

寺《てら》田《だ》庸《よう》二《じ》さん

『証券化のしくみ』井出保夫 著／『光触媒のしくみ』藤嶋昭・橋本和仁・渡部俊也 著／『効率が10倍アップする 新・知的生産術』勝間和代 著／『ザ・コピーライティング』ジョン・ケープルズ 著／『専業主婦が年収1億のカリスマ大家さんに変わる方法』鈴木ゆり子 著／『2時間で足が速くなる!』川本和久 著／『凡人が最強営業マンに変わる魔法のセールストーク』佐藤昌弘 著／『やればできる』勝間和代 著／『起きていることはすべて正しい』勝間和代 著／『カリスマ編集者から学ぶ 20万部超マーケティングの秘密』土井英司・寺田庸二／『朝30分の掃除から儲かる会社に変わる』小山昇 著／『手取り１６５５円が１８５０万円になった営業マンが明かす月収1万倍仕事術』大坪勇二 著／『10年後あなたの本棚に残るビジネス書１００』神田昌典・勝間和代 著／『研修女王の最強3分スピーチ』大串亜由美 著／『朝3分の声トレで、あなたの話し方が9割変わる!』白石謙二 著／『子どもの成績は、お母さんの言葉で9割変わる!』西角けい子 著／『1年で駅弁売上を５０００万アップさせたパート主婦が明かす奇跡のサービス』三浦由紀江 著

スゴ編 No・005

ディスカヴァー・トゥエンティワン

千葉《ちば》 正幸《まさゆき》 さん

『社会学がわかる事典』森下伸也著／『新自分を磨く方法』スティービー・クレオ・ダービック著／『自分を磨く方法』アレクサンダー・ロックハート著／『「マジビジ」シリーズ』／『バルタザール・グラシアンの賢人の知恵』バルタザール・グラシアン著／『つながる力』勝間和代・広瀬香美著／『働く理由』戸田智弘著／『夢をかなえる人の手帳』藤沢優月著／『夢をかなえる人の手帳術 最新版』藤沢優月著／『「仕組み」仕事術』泉正人著／『水はなんにも知らないよ』左巻健男著／『ツイッターでビジネスが変わる』ジョエル・コム著

スゴ編 No.006
ダイヤモンド社
加藤《かとう》 貞顕《さだあき》さん …………………… 131
『コンピュータのきもち』山形浩生 著／『英語耳』松澤喜好 著／『僕がワイナリーをつくった理由』落希一郎 著／『マイ・ドリーム』バラク・オバマ 著／『みんなの投資』藤田郁雄 著／『投資信託にだまされるな！』竹川美奈子 著／『なぜ投資のプロはサルに負けるのか？』藤沢数希 著／『スタバではグランデを買え！』吉本佳生 著／『鉄のバイエル』松澤健 著

スゴ編 No.007
タコスタジオ
岡部《おかべ》 敬史《たかし》さん …………………… 155
『日本の「食」は安すぎる』山本謙治 著／『赤ちゃんを爆笑させる方法』岡部敬史・平井寿信 著

スゴ編 No.008
PHP研究所
横田《よこた》 紀彦《のりひこ》さん……171
『すべては音楽から生まれる』茂木健一郎著／『ひらめきの導火線』茂木健一郎著／『本の読み方』平野啓一郎著／『女性の品格』坂東眞理子著／『親の品格』坂東眞理子著

スゴ編 No.009
三笠書房
清水《しみず》 篤史《あつし》さん……193
『頭のいい説明「すぐできる」コツ』鶴野充茂著／『たった3秒のパソコン術』中山真敬著／『頭のいい質問「すぐできる」コツ』鶴野充茂著／『たった3秒のパソコン仕事術』中山真敬著／『働き方』稲盛和夫著

スゴ編 No.001

クロスメディア・パブリッシング
小早川《こばやかわ》 幸一郎《こういちろう》 さん

		経歴
1975	6	千葉県生まれ
1999	4	明日香出版社入社
2005	6	明日香出版社退社
2005	10	クロスメディア、パブリッシング設立
2010	3	現在まで200冊以上の出版企画、
		編集に携わる

愛用グッズ	ストレス解消法
Filofaxの手帳	フットサル
ポストイット	サーフィン
自転車(無印良品)	寝る

学生時代から培った編集経験

――出版業界に入ったきっかけは？

「出版社に入りたい！」というのはなかったんですよ。たまたま学生時代に求人誌で明日香出版社のアルバイト募集を見つけて、応募したんです。

その当時、まさにコンピュータブームのまっただ中で、明日香出版社がコンピュータ書部門を立ち上げることになったんです。初めは事務の仕事が中心でしたが、僕はもともとＭａｃが好きで、触って遊んでいたので、コンピュータ書の編集者を募集するという話を社内で聞いて、「俺、できますよ」と立候補したんです。やってみたら案外楽しかったですね。

――他に就職活動はしましたか？

しませんでした。就職活動をしようと思うと、社長に言ったら、「え？　ウチに入るんじゃないの？」と言ってくれたので、そのまま入りました（笑）。

アルバイト時代から、丸々１冊を任されて作っていたので、会社からも評価されていたのかもしれません。バイト歴も長く、３年間くらいやっていましたからね。

――バイト時代から合わせたら編集者歴はもうずいぶん長いですね。今だから言える失敗談はありますか?

失敗というより、もめごとでしょうか。試行錯誤して完成させた本を著者に送りました。僕は本を渡してほっとひと息、友達と一杯やっていたところに、その著者から電話がかかってきたんですね。完成の喜びの電話かと思いきや、「こんな本を出すつもりはない」と言われたんです。びっくりしましたよ。なんでもカバーの白の色みがくすんでいる、とか。

もしこちらのプロセスに問題があったら検討はしたんですけど、こちらは印刷する前に色校(カバーの見本)を本人に見せに行っていました。そのときに確実に了解を得ていたんです。それを完成してから変更したい、と言われてしまいましたからね。2時間ほど電話で説得してもラチがあきませんでした。なので、「わかりました。出版を止めます」と言いました。「印刷も進んでいますし、いろいろな人に迷惑をかけますし、僕もけっこうこの本のために働いたので、きちんと請求しますから、払ってくださいね!」と。

それから急いで会社に戻って、請求額の見積もりを出しました。制作費や関係者の人件費をリストにしてファクスを出したんです。すると次の日に電話がかかってきて「昨晩はすみませんでした」と謝罪されました。ひと晩寝て見直したら、なんと素晴らしい出来なんだろう！　と思ったそうですよ（笑）。「こちらは真剣にやっているので、急な変更をそのときの気分で言わないでください」とはっきり言いましたね。

コミュニケーション力

編集者は「本作りの先生」

――はっきりＮｏと言うのですね。

言いますね。著者は自分の先生だけど、自分も著者にとっての先生である、ということ。著者からすれば、僕は本作りの先生なので、「お互いリスペクトしながら作りましょう」というのが暗黙のルールです。

編集者が「本作りの先生」としての自覚を持たないと、トラブルが起きやすくなります。著者にうまく指示を通せないとか、急な変更箇所を著者から提案され、会社と著者の間で板挟みになる、など。僕はそのようなトラブルが起こらないように自分の意見は相手にはっきり伝えるようにしています。同じフィールドで仕事している以上、「相手が年上だから」「自分がまだ若いから」というのは言いわけになりませんから。編集者とは特にそういう仕事だと思うんですよ。そして、自分が若いときからプロ意識を持って仕事をしている分、相手にも年齢に関係なく、高い意識を求めます。

「勘と度胸と場当たり主義」

――影響を受けた人はいますか？

前の会社の編集長ですね。今、僕は社内で人に教える立場です。編集長からはその教え方を学びました。ある日、仕事をしていたら「机の前にかじりついていてもしょうがないだろ。たまには息抜きにバッティングセンターとか映画を観にでも行ってこいよ」と言って小遣いをもらったりして。「楽しくないと仕事は続かないから、楽しくやっていこう」と言ってくれたんです。そして、「お前みたいな人間は世の中にいっぱいいるんだから、お前が読みたい本を作れよ」と言ってくれました。そう言われてだいぶ肩の荷が下りましたね。

もうひとり、前の会社の社長です。社長のモットーである、「勘と度胸と場当たり主義」は僕のキーフレーズですね。まずは自分の勘を信じていけ！　と。分析すれば精度はあがると思いますが、最終的にはピンときた、「勘」であると。「度胸」とは思い切りですね。「場当たり主義」とは綿密に計画を立ててもうまくいかないこともあるから、その場で臨機応変に対応できるようにしないといけないということ。

編集者としてだけでなく、すべてにおいて言えることなんですけどね。ひとりでしっかりやっていける人は、ある程度の場当たり主義を持っている人だと思います。そうじゃないと、一歩を踏み込めないので。特に、出版業のような見込み型のビジネスをしている人は、「勘と度胸と場当たり主義」じゃないと、何もできないですよ、きっと。

――本を作るうえでのこだわりはありますか？

売れる本を作ることです。先日、とある書店の仕入れの責任者と話す機会がありまして、「売れる本を作るのでよろしくお願いします」と言ったら、「売れる本より価値ある本を作ってくださいよ」と言われました。

その通りだと思いました。価値ある本が売れる本ですから。

インプットカ　企画力　分析力

その人の本質を見極める

――これまでに200冊以上の本を作られてきていますが、ネタ探しはどのようにやっていますか？

インターネットや雑誌やテレビなど、他の媒体から探してくることもあります。あとは人との会話から見つけます。フットサルのチームに入っているのですが、そのチームのメンバーはみんな違う業界で働いているので、話しているだけで参考になります。

この前は人事部で働いている友人に「上司から営業の戦力アップを図るように言われているんだけど、何か参考になる本はないか？」と相談されました。他の友人からも悩んでいることを聞いて、そこからヒントを得ています。

そして、社内のスタッフともよく話すようにしています。アルバイトの大学生や女性スタッフなど、僕とは違う層のスタッフと飲みながら話を聞くこともしますね。

あとは紹介や持ち込みです。弊社では人から提案されて、そのまま出すパターンより、その企画をこちらでもう一度練り直して、こちらのほうがいいのでは、と提案し直す

超地域密着型マーケティングのススメ
平岡 智秀 著
明日香出版社

ケースが多いです。

たとえば、和歌山県の有田郡という小さな町で水道店をやっている方から、「Uターンをして働こう」というような企画をいただきました。Uターンというトピックは都会にしかニーズがないので、どこかいまいちピンと来なかったんですね。

ところが実際に会って詳しく話を聞いていると、その人の営業マンとしての面白い一面がどんどん見えてきたんですよ。関西エリアでの販売レース1位。大きな販社と合わせても、5本の指に入るくらいの売り上げです。その地域の人はほとんどその人から水回りの商品を買っていたんです。

そこに注目して『超地域密着型マーケティングのススメ』に方向転換しました。著者の平岡智秀さん自身も、とても興味深い、頭のいい方でした。家業を継ぐため有名大学を中退し、田舎に帰り、ビジネス書を読んで実践し、自分なりのマーケティング術を持っているんです。その本は結果的にロングセラーとなっています。

こんな例もあります。留学関係のビジネスをしている方から、留学生向けの企画をもらいました。しかし当時にはもう留学生向けの書籍はある程度出回っていたので、何か他に違う企画を出してもらえないかと頼んだんですよ。すると、毎日のように違う企画

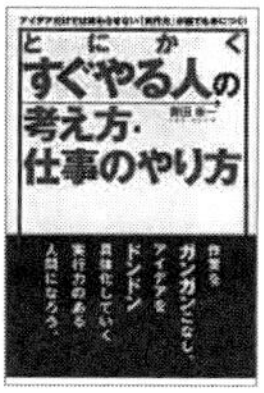

とにかくすぐやる人の考え方・仕事のやり方
豊田 圭一 著
明日香出版社

をメールでくれたんです。「これ違うなぁ」と言うと、「じゃあ、これで！」というように、レスが早いんですよね。

そこで「とにかくすぐやる人の考え方・仕事のやり方」というだいぶ前から考えていた企画のことを思い出して、この人に頼もう！　と豊田圭一さんに書いていただくことになりました。メールの返しなどの細かい行動がかなり早い方でしたので、僕が思っていた著者に最適だったんです。依頼してみると、快く引き受けていただけて、結果、２００７年の当社の一番売れた本になりました。そうやって思いがけないところからうまくいくパターンもあるんですよね。

――いろいろな角度からものごとを見られているんですね。

そうですね。灯台下暗しというように、案外みなさん自分のことってわかっていないんですよ。こういうのが流行っているからこういう企画にしよう、と持ってきても、説得力がないんです。「あなたがそれを書く意味はどこにありますか？」と。

それより、「あなたはこんな強みを持っているのだから、こちらで出しましょうよ！」と提案します。と、まぁ、こんなふうにさんざん偉そうに言っておいて、実は自分自身のことはわかってないんですけどね（笑）。

コピー力

テンション高く！

——売れる本に共通するものがあるとすれば何だと思いますか？

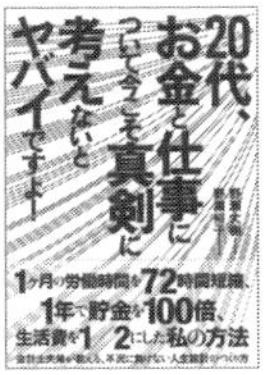

20代、お金と仕事について今こそ真剣に考えないとヤバイですよ！
野瀬 大樹・野瀬 裕子 著
クロスメディア・パブリッシング

売れる本の傾向は時代や景気をある程度反映していると思いますが、基本的に「テンションが高い本」が売れてるような気がします。そもそもニーズなんてないと思うんですよ。だから、手に取りたくなるようなもの、買って使うことで自分がよい方向に変わるかもしれないというものしか売れないのかもしれません。

『20代、お金と仕事について今こそ真剣に考えないとヤバイですよ！』も、最初はこんなテンションが高い雰囲気ではなかったんですよ。タイトルも帯のコピーも一番初めの案に比べて、がらっと変えました。最初はタイトルに「参考書」という言葉を使っていたり、帯には「会計士夫婦が教える、不況に負けない人生設計の作り方」というフレーズを入れて、全体的に落ち着いた雰囲気だったんです。

周りの意見も聞いてみようと思い、スタッフと意見交換をすると、「〝参考書〟なんてもう読みたくないよね」という意見が出たり、「ヤバイ」という言葉は危機感があって

営業マンのここが嫌い
高橋 宗照 著
クロスメディア・パブリッシング

いいんじゃないか、という案が出ました。そして「今こそ真剣に」を追加して、帯に数字もがんがん入れました。これは売れましたね。ビジネス書ランキングでも長期間上位に入っていました。この結果から見ても、やはりテンション高い本が今売れている！ということに確信を持ちましたね。

――タイトルって大切なんですね。

本の決め手は、カバーとタイトルが半分以上を占めると思います。『営業マンのここが嫌い』も、デザイナーさんにテンション高めに！　とお願いしました。文字から炎を出してもらったり、水色がさっぱりしすぎてるから、違う色にしてもらったり。文字も明朝体で読みやすいんだけど、元気がないな、とか。これからはブックデザインとタイトルにさらにこだわっていこうと思っています。

――やはりコピー力はピカイチですね。インスピレーションを大切にされているのですか？

今まで自分のピンときたタイトルであったり、自分が読みたい本を作っていたんですよ。それが正しいかは賛否両論で、自分の読みたい本を作っていてはダメだという意見もあります。でも、僕みたいな人間がビジネス書のコアな読者なわけだから、自分が変に大上段に構えて、「俺がお前たちを啓蒙してやる！」という姿勢でいるより、自分が素直にお金を払って読みたい本を作っていくほうが、売れるのではないか、と思います。

コピー力

すべての作品に自信があります

——『営業マンは断ることを覚えなさい』での小早川さんの伝説を聞いたのですが。

伝説ですか（笑）。これで失敗したらボーナスカットでもいいと、みんなが反対する中このタイトルで突き通したんですよ。

コンピュータ書を中心にやっていたので、この本が初めて手がけるビジネス書でした。そこで実際に営業マンの立場になって考えてみようと思い、居酒屋に飲みに行ったところ、周りはくだを巻いているサラリーマンばっかりで。きっと嫌な仕事も断れなくて、相当ストレスたまっているんだろうなぁと思って見ていました。そこで、「営業マンは断ることを覚えなさい」という、このタイトルだったら売れるだろうな、って素直に

営業マンは断ることを覚えなさい
石原 明 著
明日香出版社

思ったんですね。

企画会議で提案したところ、そんなタイトルは無理だろう！　という空気が漂っていたんですよ。当事者である営業スタッフにも、「断って注文が取れる、そんな夢のような営業があるか！」と言われましたし。そこで思ったんです。「そんな話ないでしょ？だから売れるんでしょ」と（笑）。

――ボーナスカットとは思い切りがいいですね。

実際にボーナスカットをされたことはありませんが、自分が売れると思った本が出せるんだったら、ボーナスぐらいはたいしたことないと思っていましたね。他にも、「売れなかったら坊主にする！」などを昔はよくやってましたね。

――体育会系ですね（笑）。

と言いつつ、坊主にすると言ったときは、実は坊主みたいな髪形だったんです（笑）。とはいえ、それくらい精魂を込めて作りました！　という意味だったんですよ。だからみなさん、ガンガン売ってきてください、と営業を巻き込んでいました。それくらいの姿勢じゃないとダメだと思いますよ。「坊主にしてもいいのか？」と聞かれて、うーん、となるようでは自信がないということじゃないですか。大きい額を投資して出版するわけですから、作っているものに自信がないのなら、それは極論、出版をストップさせるべきだと思うんですよね。

ずばり、ハードワーク！

――多方面で活躍してみえますが、時間の使い方のコツを教えてください。

時間の使い方は意識していますよ。10年前の自分に比べて2倍は働いていると思います。効率がはるかにあがりました。力の入れるところと抜くところがわかったり、経験から、何が必要で何が無駄というのがわかってきました。それは考えてわかるものでもないので、実際に失敗したり、経験を繰り返して身につけるものだと思います。

――休みの時間もうまく作り出していますか？

いえ、あまり休めてないですね。自分で言うのもなんですが、すごく仕事しているんですよ。これからのテーマはハードワークです。バシバシ働かないとダメだ！　と思っています。「仕事は社員に任せて、社長は将来のビジョンを考えるゆとりを持たないとダメだ」と、最近のマネジメント書には書かれていますが、伸びてる会社の経営者はものすごく仕事してますよ。社長が率先して一番働かないと。そうでないと示しがつきませんよ。効率をあげて、今まで10かかっていたのを5でやって、残りの5を休むのではなく、さらに働く！　というふうに。そうやってムチを打ってやっている会社が今伸びているのだと思います。

自分の人生のシナリオは自分で書きたい

――経営者として、どのようにモチベーションを維持していますか？

他社の社長と話す機会があるときに、「誰にも相談できず、弱みも見せられず、社長とは孤独なものだ」と聞きますが、僕はあまりそうは思いませんね。「みんなはいいよなぁ、ほめてくれる人がいて。僕なんて誰からもほめてもらえないからな」と、たまにスタッフに愚痴をこぼしています（笑）。

「モチベーションを自分であげること」が、僕にとっての大切な仕事なんですよね。けっこうスタッフのみんなに相談して、隔たりなくやっています。細かい事業方針や財務状況のこと、僕の給料、プライベートまで、スタッフはほとんど知っていますよ。

――起業のきっかけは？

経営やマネージメントに興味があったので、学生の頃から独立して起業したかったんです。自分の人生のシナリオは自分で書きたいんですよね。節目として、30歳までに独立しようと思っていました。30歳を過ぎても前の会社に居続けたら、たぶん独立せずに、そのまま行ってしまうな、と思ったんです。でもいい環境で仕事させてもらっていたので、なかなか自分で踏ん切りをつけられずにいました。

そこに、ちょうど社長からのメールで昇進の内示があったんです。それなりの立場になってしまったら、辞められなくなる！　まずいぞ！　と思い、手が勝手に「辞めます」とキーボードを打っていました。せっかく昇進の内示をいただいたのに、失礼なことをしたと思っています。

――決断してからは早かったですか？

早かったですよ。万全に準備をしていたわけではないので、急に動き出した感じでした。前の会社の社長も、30歳で辞めて起業していたんです。自分も辞めて独立しているから、辞めると言った人を引き止めても無駄だということをわかっていたようで、「それで、いつだ？　いつ辞めるんだ？」って聞かれて。「え？　もう少し引き止めてくれないの？」と思いましたけどね（笑）。社長にアドバイスをもらって、僕の30歳の誕生日の前日に辞めることになりました。

――やっぱり30歳は節目なのですね。

そうですね。振り返ると20代は早かったですよ。ひたむきに仕事ばかりしていました。土曜日も出社して、日曜日も原稿を家に持ち帰って。家でどれだけ仕事をがんばったって誰が見ているわけでもないのに、そのときは一生懸命でしたね。その地道にやっていたのが今に活きているんだと思います。

会社は見ていないようで、実は見てくれていて、辞めるときには「キミは実に会社に貢献してくれたから、これからも応援するよ」と言ってくれました。著者や取引先の方たちにも「辞めてからもよろしくお願いします」と言っていただいたり。辞めた後に、改めてみなさんに支えられているな、と感じました。

――日頃の心がけが大切なのですね。

そうですね。仕事にテクニックはないんですよ。一生懸命やることです。もちろん、体力がある、酒が飲める、センスがある、というのは大切だけど、それ以前にひたむきにやっていくしかないですよね。

先ほども言いましたが、テンションです。出版業界だけでなくその他の業界でも、活躍されている方はテンションが高い方が多いですよ。そういう方は、人を巻き込む力があるので。著者にもこの人について行けば大丈夫だ、という安心感も持ってもらえますしね。仮に売れなくても、テンションが高い人はすぐ忘れますよ。すいませんでした！　はい、次！　って（笑）。切り替えも大切ですから。

――攻めの姿勢ですね。

そうですよ。受け身ではうまくいかないと思いますよ。この人に任せて大丈夫だろうか、と周りに不安や迷いを生じさせてしまう。「こう行きましょう！」と、言い切る力も大切です。

――「飲み」というフレーズがよく出てきますが、よく飲みに行かれるんですか？

けっこう行きますね。飲みの席とはいえ、編集者同士の交流の場であったり、意見交換の場でもあります。たまに「今日は仕事の話はナシ！」と決めて編集者と飲みに行くこともありますけどね。

――編集者さん同士、仲がいいのですね。

そうですね、けっこう仲いいですよ。

――ライバル意識はないですか？

ライバル意識はないです。引っぱり上げ合う関係ですかね。いいなと思う本に関して、あれはどのように進めたんですか？　と聞いて参考にしています。

以前「どうやったら売れるの？」と聞きに来てくれた友人の編集者がいて、「僕も教える立場じゃないんですよ」と言いつつ、僕なりにアドバイスしていたんですよ。そのことが役立ったかはわかりませんが、その2～3カ月後に彼が30万部くらいのヒット作をバン！　と出したので、今度は僕が「ちょっと、売れる秘訣教えてよ～」といった具合です（笑）。

気になる出版業界のゆくえ

株・投資信託、
いま損を抱えている人の
投資の処方箋
中桐啓貴
誰よりも早く損を取り返す
方法を教えます。

株・投資信託、いま損を抱えている人の投資の処方箋
中桐 啓貴 著
クロスメディア・パブリッシング

——今注目しているものは何ですか？

個人的には株式投資ですね。２００９年に『株・投資信託、いま損を抱えている人の投資の処方箋』という本を編集して、「これはチャンスだ！」と株式投資を再開しました。出版社を始めたとき、株式投資はやめたのですが、よくよく考えると、出版の仕事も著者に投資をするという意味で株式投資に似てるからいいかなぁと。

あとは、出版業界の動きも気になりますね。最近の業界としては、以前では考えられなかったことがけっこう今起こっていますよね。

——今後の出版業界についてどう思いますか？

紙の価値を十分にわかりつつも、紙媒体が縮小していくのは仕方がないことです。だからといって、他のメディアやビジネスに進出すればうまくいくのかといえば、そう簡単ではありませんし。これからは、出版業界の人間同士で集まって情報交換をする、業界紙から情報を得る、というだけではなく、異業種からの情報がますます参考になるでしょうね。でも、僕はアナリストではありませんから、出版業界の動向を論じる前に、価値ある本を作り、読者に手にとってもらうように仕向けることを第一に考えるべきだと思っています。

編集者という名のポータブルスキル

――編集者は現在、危機的状況にあるのでしょうか。

一概にそうとは言えませんが、紙媒体だけで生き残っていくのは厳しくなっていきますよね。けれど、編集者としてのスキルはポータブルスキルだと思いますよ。これは確実に言えることです。ビジネスパーソンに今求められている、プロジェクト能力、つまりは企画力、コミュニケーション能力など、これらは編集者が持っているスキルですよね。

――潜在力を秘めた職業だと。

そうです。編集者は柔軟性がありますよ。世の中の流れを身近に感じられるし、人脈も広がります。僕も編集の仕事を通して、いろいろな方とお会いする機会があります。出版業界にあきたらこっちの業界にこない？　と誘ってくださる方もいます。自分で会社をやっているので、行きたくても行けないですが（笑）。

書籍編集者としての能力があれば、紙だけでなく、その他のどんな媒体でもいけますよ。さらには、業種を超えても十分に通用する、素晴らしい職業だと思います。

――ありがとうございました。

スゴ編 No.002

スカイライター
川辺《かわべ》 秀美《ひでみ》 さん

		経歴
1968	1	神奈川県横浜市生まれ
1992	4	就職情報会社・文化放送ブレーン入社
1996	4	オーエス出版(インデックス・コミュニケーションズ)入社
2003	7	『ウケる技術』というヘンテコ本で話題に!
2004	4	『東大生が書いたやさしい株の教科書』ヒット!
2005		『タダでウハウハ儲ける!アイデアノート』で大失敗、
〜2008		『ユダヤ人の頭のなか』『魅せる技術』『夜の物理学』など
2009	3	『厚生労働省崩壊』← スカイライターとしての初作品!
		失敗につぐ、失敗の山が、私の誇りです。
2010	現在	『22歳からの国語力』(講談社現代新書)など著者もやってます。

愛用グッズ

コーネル式ノート
↳ 検索しやすいです。

ノートパソコン
↳ 事務所です。
Let's note は必須です。

京大式カード
↳ アイデアの宝庫です。

座右の書
『はてしない物語』ミヒャエル・エンデ
19才の頃より不動のアイテム。

1冊の本がきっかけで

——編集者になる前はどんなお仕事をされていたのですか？

以前は就職情報会社でリサーチの仕事をしていました。学生意識調査のレポートを書いたり、それをまとめて編集したりしていたので、書籍編集者としての仕事とは遠いようで実は近いことをしていたんですよ。

異業種から編集者への転職は難しいと言われますが、若気の至りとでも言うのでしょうか？　根拠のない自信と思い込みで、まんまと出版社に潜り込むことができました。これは天の配剤《はいざい》とでも言うべきものが起こったようです。

——出版業界にちゃんと入ろうと思ったきっかけは？

きっかけは1冊の本です。筑摩書房の名物編集者・松田哲夫さんの『編集狂時代』（本の雑誌社）という本を読んだときに「コレだ！」と思いまして。ちょうどその頃に所属会社の早期退職制度ができたので、真っ先に手をあげたんですよ。いやはや、後先はまったく考えていませんでしたね。当時も今もバカまっしぐらです（笑）。

松田さんのハチャメチャな編集ぶり、ものを作っていく人間のドラマみたいなところにすごく魅力を感じて、どうしても書籍編集者をやりたいなぁって思ったんです。

成功は意外なところに

――今まで編集のお仕事をされていた中で、今だから言える失敗談はありますか？

本を作るにあたって、事前にさまざまな取り決めをします。その中で発行部数や印税交渉ってけっこう大きい問題なんですよ。ある企画で「1万部ぐらい刷れるかもしれませんね」と著者に言ったことがあって、それが結果として、6千部しか刷れない状況になったんです。出版状況というのは日々変わっていきますから、執筆前と刊行時では一転することがあるんですよ。自分がノリでしゃべってしまったことが災いとなって「お前は嘘つきだ！　1万部刷れると言ったじゃないか」と著者に延々言われ続け、喫茶店に6時間以上軟禁されました。

こんな苦い経験をして、契約の話は軽々しくしてはいけないことを教わりました。

でも、不思議なことに、そういう大失敗があった後には、大きな成功が待っていることが多いんですよ。実はその「もめた本」を読んで、ぜひ川辺さんと仕事がしたい、と言ってくれたのが『ウケる技術』の水野敬也君なんです。水野敬也君は、今や国民的作家となった『夢をかなえるゾウ』の著者です。私としては思い出したくないほど苦痛だった仕事に対して、最大の賛辞を言われたことで、萎えていた心が再びムクッと起き上がりました。ヒット作というのは、本当に何がきっかけとなるかわからないものなのです。

自分の存在を消す作業

――仕事をしているうえで何かこだわりはありますか?

こだわりはないですね。なぜなら職業的にこだわりというものを持ってはいけないんじゃないかなと思うんですよ。編集者っていうのはあくまで黒子であって、作品に「自分らしさ」というものを入れてはいけないんです。むしろ、それをどんどん消していくっていうのが編集作業なのです。

厚生労働省崩壊
木村 盛世 著
講談社

ですから、あえてこだわりと言うなら、すべての本で「僕自身の存在を消す」努力をしているということでしょうか。言いかえれば、作家の個性を引き出すことに焦点を当てて、それに沿った編集者方針を立てていきます。

私が作った本を並べてみたらわかるんですけど、たぶん同じ編集者が作った本とは思えないものがズラリと並びます。ベストセラーとなった作品はエンターテインメント寄りの作品ですが、地道な実用書もありますし、エッセイや翻訳書などもあります。

そして、２００９年には出版エージェント（株式会社スカイライター）を設立し、才能ある著者を発掘し処女作を協働しています。また、作家の更なるブランディングをお手伝いしています）として第一回作品をプロデュースしましたが、版元編集者時代にはやったことがない、ノンフィクションの政治ものを扱いました。独立後にまさか現役の官僚と仕事をするなどとは思ってもみなかったことです。木村盛世著『厚生労働省崩壊』（講談社）という本なので、もしご興味があれば読んでみてください。

これからも、何だってチャレンジしていくつもりです。著者とヴィジョンが共有でき、その作家の個性を最大限活かせるものであれば、どんなジャンルでも時代を揺り動かせる本が作れると思うのです。

インプット力　楽しみ力

著者によってもたらされた非日常的仕事スタイル

――作家さんの発掘が得意とうかがいました。

いいえ、そう見られているようですけど、実はそうではありません。僕の場合、変わってるんですけど、自分から著者にアプローチしないんですよ。自分から行くとだいたい失敗するんです。特に名の知れている作家にアプローチすると大げんかしたり、あまりセールスがふるわなかったり、問題が噴出します。ですから、ある時期から諦めたんです。「著者が来るのを待ってみよう」と。

だから、今まで一緒にやってきた著者の方々は、発掘したのではなく「僕のところに来てくれた人」なんですよ。普通は持ち込み原稿がダメだと言われますが、僕の場合は著者から指名をしていただいた、持ち込み原稿のほうが当たることが多いんです。

――川辺さんが引き寄せていらっしゃるんですね。

著者の「引き」だけはかなり強いかもしれませんね、くじ運は弱いんですけど（笑）。

自分がやってみたいなぁと思う企画があると、いい人がかならずポッと突然現れてくるんですよ、まるでマジックみたいに。それには情報セットの持ち方に秘密があるように思えます。情報のインプットの仕方を今までとは違う形に変えれば、それに伴って引き寄せられる情報もガラッと変わります。その中で知人や著者を通じて新たなネットワークが構築されるのではないか、と考えています。

この話は人脈を築くという意味でも大切な話になりますので、もう少し具体的に話してみますね。たとえば、ビジネス書の編集者だったら『日経新聞』を毎日読んでいると思います。でも、他の編集者とは一線を画すという考え方に立てば、「『日経新聞』を読まない」という選択肢だってあるはずです。その代わり『The Financial Times』は欠かさずチェックするといった情報をセットするのです。

情報のインプットの仕方が違えば、語る話題も変わります。そういった中で「A社の編集者はひと味違う」という評判が立てば、その口コミというものは本人が思っている以上にひとり歩きしていくものなのです。

人脈というのは情報の流れでもあるので、本人の知らないところで伝播されていきます。その中であなたが普段何気なく発信していることが著者との出会いを生んでいくのです。ですから、情報セットというものは意識しておくとよいと思います。

ウケる技術
水野 敬也・小林 昌平・山本 周嗣 著
オーエス出版社

――思い出深い著者さんとその作品は何でしょう。

やはり『ウケる技術』の水野君ですね。彼は僕のところに来るまで11社営業していて、完全に打ちのめされていたんですよ。さも出版社に来たのは初めてです、みたいな顔してましたけどね（笑）。先ほどお話しした著者とのトラブルで大失敗してしまった本を読んでくれていて、そのあとがきに書いてあった僕の名前を見ての指名だったんです。正直、出版社12社目だった僕も、断るつもりでいました。でも、水野君の気迫に負けましたね。その場で企画決裁しました。こいつと心中してやろうという気持ちになったんです。

そこから、私と水野君たちの挑戦は始まりました。毎日がカーニバルです。毎晩、近くのジョナサンで打ち合わせをかさねて、会社に泊まり込んで、といった日々が続きました。そんな空気がすべてを変えていったんです。

――毎日ですか！

そうなんですよ。僕が外出して不在のときに、会社のパソコンで勝手に原稿をカタカタ打ってるわけですよ。しかも著者は、水野君以外に小林昌平君と山本周嗣君と3人いたので、入れ替わり立ち替わり訪ねてくるわけです。しかも、彼らは突然夕方から会社に現れて、朝の3時ぐらいまで自分の家みたいに過ごしているわけです。会社が無法地帯みたいでしたよ。なんで俺が会社にいないのに、お前らがいるんだ！　みたいな(笑)。もう著者と編集者の関係を超えて運命共同体みたいでしたね。

そういう奇妙な熱気が、会社の沈滞しているムードを一気に変えてくれました。実はその当時、所属出版社が本当に倒産寸前の時期だったんです。人生崖っぷちだったんです。そんな状況下も幸いして、今までの常識をすべて捨てられたんだと思います。実際、この当時、私は副編集長で企画決裁権は持っていませんでした。でも、強行突破したこの企画は、何よりもベストセラーを作ってみせるという信念と自負だけで動いていました。その意思表示に対して会社のみんなは不思議と全面的にサポートしてくれました。

——崖っぷちの中でも楽しそうですね。

ギラギラとした熱気がありましたね。誰も見たことのない花火をあげるぞ！　みたいな感じのノリでしたね。それに会社の営業部も巻き込まれていって。僕たちはこの企画で行くしかないっていうことが伝わったし、それが伝播していったんですね。だから、すごい奇跡がいっぱい起こった感じがしますね。

強力でイカれている本

――数々のベストセラーがある中で、何か共通点があるとしたら何だと思われますか？

少なくとも売れるものには、突破力があります。突破力とは、明確な情報が切り出せていることです。そしてただ明確なだけではなく、何か「完全におかしい」「イカれている」という感じです。書店に何万点も置いてある中の1冊じゃないですか。単純に作ってもそれは情報にはなりません。完璧に振り切れていないと、手に取ってもらう基準に入らないんですよ。だから、やりすぎているぐらいでちょうどいいんじゃないかなと思うんですよね。

――いい意味で変わっている本っていうことでしょうか？

魅力的なものというのは、ひと言では言いにくいけど、共通因子があるものです。最終的には「時代性」がないと売れませんが、少なくとも誰にでもわかる明確なコンセプトがあります。編集者にとっては、著者の書いた文章を読者に対してはっきりとしたメッセージにすることが最低限の仕事です。そのうえで印象的な何かがあると伝わりやすいのではないでしょうか。

カリスマ編集者の「読む技術」
川辺 秀美 著
洋泉社

編集者と書き手との対立

——独立されてからの、『カリスマ編集者の「読む技術」』について聞かせてください。

独立して、株式会社スカイライター（http://www.skywriter.co.jp/）を設立しました。そこから執筆活動も開始し、本書は私の処女作となります。自分が書いたものを改めて読み返してみると、まだ迷いがあって、戸惑っている感じがしますね。編集者としての自分と、書き手としての自分が対立しているんだと思います。

セールスのことを考えるのは洋泉社の編集者におまかせして、書き手として専念したつもりなんですけど、どうしても編集者的になっちゃうんですよ。こんな展開だと読者が飽きちゃうから、何かサービスしなきゃとか。本来編集者が考えるところを先回りしてやっちゃったりして。だから全体としてはかろうじてまとまっているけど、やや散漫な記述になってしまいました。

本の内容は、とりあえず今までやってきたことの総決算です。それをただシンプルにまとめよう、と感じるままに綴りました。実用書の著者とは一線を画すような書き方を目指して書いたんですよ。それが成功したとは言えませんが、思いの丈は全部入れられたと思います。

独立してからの最初の大仕事だったのですが、かなり反響もありましたし、その時点でのベストだったと思います。

――もともと書くことがお好きだったんですか?

編集するよりも、書くほうが好きです。どっちかって言うと、書き手のタイプなんですよ。いや、書きたがるタイプですね（笑）。自我が強いんで、黒子でいるよりも、前に出るほうが自然なんです。出版社を辞めてから、気が付くと作家生活が中心です。その霞《かすみ》でもって食べていきつつ、エージェント業、コンサルティング業というものを絡めていってます。

編集経験を活かして

――著者のほうが適性として合っていると思いますか?

それは、よくわかりません。おそらく二足の草鞋《わらじ》をはくことで、オンリーワンを目指していくのがよいのでしょう。

編集者である自分も作家である自分も、両方とも大切な世界だと感じています。一方に偏らないで仕事をしていく中で、自分がもっと成長していけるような気がします。編集者というのは常に透き通った存在でなければいけません。例えて言うなら巫女《みこ》のようなものです。自分の肉体を通して時代の声を聞き、それを翻訳していく仕事です。一方で作家というのはアート活動です。もちろん、ビジネス書作家はそのうえで流行や時代性が問われます。しかし、本質は文章を書くという技術を丹念に磨いていき、質のよい作品を提供していくことなのです。

私は現在、出版エージェントという仕事をメインでおこないつつ、作家活動も並行していますが、両方の世界を常に持っているというのが何よりの強みだと思っています。

クオリティー出版を目指して

――現在の編集者としてのお仕事はどうですか?

今は出版エージェントなんで、年間に何本出すかは決まってないんですよ。特に自分の中で本数のノルマを決めているわけでもありません。作品自体がスカイライターという会社のシンボルになってしまうので、クオリティーの高い作品だけを出すことが重要なのです。ですから、売り上げをあげることが僕にとっての最優先事項じゃないんです。だから僕としてはフリーという強みを最大限に活かして、時間をかけてでもいいものを作るというスタイルで活動しています。平たく言えば、クオリティー出版ですね。でも、今の出版事情の中でクオリティー出版を目指すのは、数字がついていかない限り難しい。でも、企画が優れていれば、かならずヒットの芽はあると思っています。

これから書籍編集者を目指す人に言いたいのは、クオリティー出版なくして、出版業なんかあり得ない！　ということです。そこからは逃げないでほしいです。体よく売れる企画、著者にくっついて、二番煎じ、三番煎じの本を作るぐらいだったら、これは社会にとってすごく有用だとか、もしくは役に立たないけどすごくユニークな作品だというものを、自信を持って出版すべきです。

――目先の利益ではなく、と。

表面的に売れそうな雰囲気のものでごまかしても、読者にはバレているのです。これからはもの作りの原点に返って質の高いものを提供していかないと、いつか読者がいなくなって、自分の首を絞めることになると思います。これからますます淘汰されていく時代です。たぶん残っていくのはクオリティー出版をきちんと保てる出版社だけだと思いますね。

基礎力の補強

――現在注目していることは何ですか?

ここ数年のトレンドとして「正論」がキーワードだと思います。保守化した時代に問われるべきテーマは、いかに正論を今の時代にマッチした形で表現できるかっていうことだと思うんですね。

僕も今「ＢＰ ｎｅｔ」で『新社会人のための国語力』という連載を書いているのですが、国語という社会にとっての「正論」を現在の文脈の中で改めて問い直す試みです。考えてみると、私たちは国語というものをコミュニケーションとしてとらえ、教育された経験を持ちません。特に学校教育でおこなわれてきたことは「読む」「書く」が中心でした。それも、かなり偏った情報だったことは否めません。

社会に出て必要性を痛感するのは、「読む」「聴く」「話す」「書く」という総合力です。その情報がきちんと提供されていないので、僕は当たり前の情報を含めて読者に発信しています。あまりに基本的すぎて今まで見直されてきませんでしたが、コミュニケーションとしての国語の基本とは何かを、改めて提示しています。

――社会人になってから必要な国語の基本を提供しているのですね？

はい。国語力とは何かといった定義から始まり、実践的な国語力を例示しています。国語力の基礎とは「読む」「書く」になります。その基礎力が今の人には圧倒的に足りていない気がします。

そう言うと、「えーっ、今さら本を読まなきゃいけないの？」「そんなにたくさん書かなきゃいけないの？」って感じると思います。でも、たとえば、スポーツだったら走り込みとか腹筋とか基礎トレーニングをするわけですよね。それと同じことだと思うんですよ。社会人として飛躍していくには、絶対国語力の向上は欠かせないのです。

よく活字離れは文化の衰退だ！　と言われますが、それは本質だと思います。なぜなら人類は文字によって文明を興してきたからです。その根本である文字を読まなくなったということは、大いなる危機なのです。

だから、私は編集者を代表して「活字と触れ合う楽しさ」「国語を学ぶ楽しさ」「本を読む楽しさ」「文章を書く楽しさ」を伝えていきたいと思っています。

――根本的に今の社会人は国語力が足りていないと？

そうですね。コミュニケーションとしての「読む」と「書く」に加えて「伝える」ってことがまったくできていないです。

僕もそういった教育を受けてこなかったから、試行錯誤して「読む」「書く」技術を習得してきました。振り返ってみると、基礎能力を獲得するための時間がかかりすぎてしまって、非効率だったなぁと思います。20代前半にやっておけば、その後の社会人としての成果は大きく変わったでしょうね。ベストセラーももっと早期に実現していたと思います。

インプット力

幅広く読むということ

——川辺さんはどうやって国語力を身につけられましたか?

社会人になったら、編集の仕事に限らず、とにかく活字量をこなさないといけないって思うんです。仕事のフィニッシュにはかならず文書化するということがおこなわれているはずです。ですから、最高の仕事をするのにどうしても語彙力は必要なのです。

そのためには、誰よりも量をこなすことから始めるのがよいと思います。大量に多様に読むことが大切です。たとえば、『超ひも理論』を片手に持ちながら、一方で『サイゾー』のゴシップ記事を読むといった方法です。

——「読む」ということは編集者にとって基本でしょうか?

基本中の基本です。編集者になるんだったら月10冊では全然少ない。20冊くらい読まないとダメだと思うんですよね。僕の駆け出し時代は、ほとんど自腹で買ってそれくらいのペースで読んでいましたよ。

好きなものだけを選んでいたら情報が偏ってしまうので、ジャンルを分けて、いろいろと買ってください。理工書から洋書、通常のビジネス書から人文書まで、そこはきちんと切り分けて読むんですよ。その中で強みを持っていないと話になりませんね。

——幅広くたくさん読むと？

編集者になりたいんだったらそうですよね。そしてポイントは「自腹で」ということ。会社に請求書なんかあげちゃダメですよ。自分で投資しないと身につかないんです。だから僕の部下がバンバン請求書とかあげてきたときに、思い切り説教しましたね。「お前ら、恥ずかしいと思わないのか！」って。プロだったらそういう覚悟が必要だと思うんですよ。そういう気骨がない限り、いつまで経ってもサラリーマン編集者ですよ。

——サラリーマン編集者ですか。

みんな頭がよすぎるんだと思います。計算の中でしか仕事をしないんですよ。だからセールス的にはそこそこいい結果を出せたとしても、その本は魅力的じゃないし、記憶に残らない仕事になっています。

もっとクリエイティブの基本に立ち返って、世の中をドロップキックするような企画を立てて、それを力のある人とやることです。

出版不況と言われている時代だからこそ、それぞれの編集者が個性的な作品を出して、しのぎを削っていきたいですよね。そのことでしか出版が活性化する道はありません。

――個性的な作品にはリスクが伴いますよね。

リスクって言っても、死ぬわけでもないし、クビにもなりません（笑）。いずれにしても本なんか簡単に売れませんから。どうせ売れないのなら、チャレンジするのが正論です。僕はいつクビを切られてもいいという覚悟でやってましたよ。そういう勢いがないと、目標も突破できないと思っていましたから。

書籍編集者を目指す若い人たちは、それくらい破天荒にやってほしいです。本が売れなかったとしても、それでも俺はやってやるっていうふうにホラを吹いてる人のほうがいいと思うんですよ。そういう変わり者には周りも期待しますから。僕はそうやってホラを吹きながら「いやいや、次は絶対ベストセラーです！」って言って、嘘をつきまくっていましたから（笑）。

自分にしかできないポジションで

――著者として、編集者として、川辺さんのポリシーの原点は何ですか？

先ほどの松田哲夫さん以外にも強く影響を受けた人がもう2人いるんです。松岡正剛さんと、インフォバーンの社長である小林弘人さんですね。この3人はまったくタイプが違うんですよ。

松田さんは学術書版元の編集者であり、サブカルチャーを作った人です。松岡さんは、みなさんご存じの通り、知の巨人です。とにかく博覧強記で、本人が国会図書館みたいな人です。小林さんについては、90年代に『ワイアード』っていうカッコいい雑誌を作っていて、非常に影響を受けました。すべてにおいて当時の最先端の情報誌でした。

――少しずつ近づいていらっしゃる感じですか？

いやいや、まだまったく見えないほど遠いですね。僕はあの方たちとはタイプが全然違うので、やっぱり自分にしかできないポジションで彼らと並びたいなと思っているんです。見本となる人が3人もいるので、迷いはありません。自分もあの方たちと早く比べられるようになりたいですね。

22歳からの国語力
川辺 秀美 著
講談社現代新書

——そのお三方とはどういう形で違うふうにやっていくんでしょうか。

自分の場合、人材教育をやりたいと思って、会社を作りました。「読む」「聴く」「話す」「書く」というコミュニケーションとしての国語力を社会人教育として定着させたいんです。仕事の基礎として必要なものだし、それがないと30代以降の、のりしろがないと思うんですよ。このことは、2010年1月に『22歳からの国語力』（講談社現代新書）という本の中でまとめました。

その中でも「読む」「書く」技術は、自分にしか提供できないものだと考えています。この2つは「編集」という言葉に言いかえられます。今まで編集という概念が社会で教育されることはありませんでした。その編集というコンセプトを大学生や社会人が学んで、それを仕事に活かしてもらえるようなことをやりたいんです。

これは編集の世界ではフロンティアだと思うので、次の世代の編集者たちが出版社を辞めたとしても、教育者としての道があるように市場を開拓していきたいです。

コミュニケーション力

完璧な原稿があがるディレクション

――それでは最後に、川辺さんが編集者として大切にしていきたいことは何ですか？

編集者とは指揮者であると思います。演奏家ではないんですよ。だから文章に手を入れることが編集ではありません。自分が手を入れなかったらダメな原稿は編集的には失敗作なのです。それは途中のディレクションがまずいから、著者がダメな原稿をあげてきているのです。

だから手を入れない原稿を目指してやっていきたいです。何もしないで完璧な原稿があがって、しかも読者が満足してくれたら最高ですよね。だって、編集者としてやることがないですから！　楽でいいでしょ（笑）。

――手を入れるようなところがないような原稿をあげるためには、どうしたらいいんでしょうか？

つまりはディレクションなんですが、「やりとり」とか「あうんの呼吸」です。ディレクションっていうのは目に見えない作業なんです。著者のモチベーションをあげたり、脱稿までにその方向づけをきちっとやることだと思うんですよ。そこで適切なアドバイスを出せれば、適切な原稿が返ってくるはずなんです。でもそれが適切ではなかったら何回も書き直して、結局書き手が萎えてしまうという、悪循環が生まれます。
指揮者のように、簡潔かつ正確な指示を出して、それを原稿として反映させてもらう。そうやっていい原稿をあげておけば、脱稿のときに大幅に手を入れなくてもいいじゃないですか。それがプロの仕事だと思うんですよ。

――どうもありがとうございました。

スゴ編 No.003

PHP研究所
太田《おおた》 智一《ともかず》 さん

		経歴
1976年		静岡県浜松市出身
2001		PHP研究所に入社（体重65kg）
〜		文庫出版部に配属。『大人のクイズ』（逢沢明）
		『受験は要領』（和田秀樹）、『武術の新・人間学』
		（甲野善紀）などの文庫化を手がける。
2005頃		体重が82kgに達し、新記録樹立）
2004		ビジネス出版部に異動。『貧乏人のデイトレ 金持ちの
〜		インベストメント』（北村慶）『ドアラのひみつ』（ドアラ）
		『会計天国』（竹内謙礼、青木寿幸）など。体重70kgに。
2010	4	クロスメディア出版部に異動しました。

愛用グッズ

携帯電話とiPod touch

webとカメラを全方位で使えるようにするために両方とも活用しています。携帯がないと死んでしまうかもしれません。

休日の過ごし方

休日は「ぶらり途中下車の旅」を観たり、『美味しんぼ』を読んだり、素振りしたり、瞑想したり。そんな感じの今日この頃です。最近はポケモンも好きです。

コミュニケーション力

イメージを共有すること

——新人時代の「今だから言える失敗談」はありますか？

「今だから言える失敗」に当てはまるかどうかわかりませんが、入社2年目に壮大に著者ともめたことを思い出します。装丁デザインを著者に見せたところ、「こんなの絶対に嫌だ」と言われてしまったんですよ。「嫌」って（笑）。著者曰く、「ちょっとやぼったい。おしゃれさもなければ、かわいさもない」と。でも僕はあえてそういうものを作ったつもりでした。かわいすぎても、カッコよすぎても、「そのテーマ」には相応しくないし、読者が手を伸ばさない、という確信を持っていました。おしゃれさではなく、「一番売れるデザイン」だという意図を持って、デザイナーさんに作ってもらったのです。

そういう点を丁重に説明したんですが、まったく納得していただけず、3時間ぐらい電話で話した末、こちらが押し切ってしまう形でどうにか了解を取りました。結果的にその本は20万部くらい売れたのでよかったですが、そのときはもし売れなかったら、自分はただの大馬鹿野郎でしたね。

本来は、事前にちゃんとこちらのイメージを著者に伝えて、共有しておくべきだったんですよね。最終的には強引に、著者を同意させる形になってしまいました。これは本来は避けるべき手段ですから。

――著者とのもめごとはよくありますか？

やっぱり入社して3年目くらいの間はいろいろありましたけど、最近はかなり少なくなったと思います。仕事の全体的な流れを把握して、リスクに先回りして対応できるようになってきたからだと思います。完全にとは言えませんけど。

編集者はもともと、書いてくださる著者・作家がいて成り立ちます。確かに編集者は本を作るうえではプロということになっていますが、「書くプロ」は著者ですから。また、その文章で取り扱うテーマの専門家も著者なのです。

だから自分がいいと思うものがすべて正しいなんて思えないんです。すごく自信がないんです。たまに自信たっぷりに仕事を進めることができる編集者もいて、うらやましいなと思います。

――ということは、著者の方が最優先なんですね。

それは違いますよ。そこが難しいところなんですよ。先ほど僕は「自分が正しいとは思えない」と言いましたが、だから葛藤するんです。著者やデザイナーが生み出すものに敬意は払っています。しかし、それが「完全に正しい」と思えないこともあるのです。

この原稿は、このデザインは……どこまで、自分の考えを押すか、退くか。今自分が「この原稿は面白い」と思った感覚は本当に正しいのか。自分だけが面白いのではないか。マスの感覚は、これをどう判断するか。何が最良の選択なのか。その判断のたびに神経を擦り減らす思いです。

ただ、トラブルを減らすためには、できるだけ早い段階で著者にしっかりとイメージを示して、ゴールを共有する。「イメージ」とは例えるなら「船」です。ゴールという目的地にたどり着くための船に乗っかってもらえればいいんです。イメージが明確に共有された船は、とても丈夫で速い。沈むことはありません。頑丈な船で漕ぎ出てもらえれば、すごくいい本になると思っています。

「イメージ」というものは、目に見えないものなので、じっくりお話をしたり、ラフなどのビジュアルを作ったり、できる限り具体的に共有することが大切だと思っています。そうすれば、自然ともめごとは少なくなるのではないでしょうか。

インプット力

人が人を呼ぶ「仕組み」作り

――著者の方はどうやって見つけていらっしゃいますか?

難しい質問ですね（笑）。強いていえば、運命に頼っているというか（笑）。「探す」という意味で、特に意識しているのはネットです。特に若年層は、今やテレビを見る時間よりネットを見ている時間が長い人のほうが多数派です。そこで飛び交う情報は、つぶさに観察していくと宝の山なんじゃないかと思いますし、実際それが著者につながって、売れる本につながっていくことも多いです。

テレビならば、見るのはCSが中心です。多チャンネルゆえに、扱うテーマが専門的で、かつ登場する人も、知る人ぞ知るというケースが多いです。そういう人たちが本を出すのにちょうどいいタイミングだったりします。ちなみに地上波で流れる情報はドキュメンタリー以外は後追いで、参考にならないものも多いです。

「足で探す」場合もあります。積極的に著者などと会って広がっていった人脈の先に、興味深い方が登場して、その方が著者になることも多いです。ですので、自分が面白いと思う方から紹介される人には、かならず会うようにするというルールを決めています。

こうして、人がどんどん、つながっていくんです。意外なところに意外な人がいて、それこそ、休みの日に仕事とは関係ないことをしている中で出会った人たちが著者になっていく、というケースもありました。

だからプライベートと仕事は、もうごちゃまぜです。仕事とも、プライベートとも思えない、「何か漠然とした毎日が人生」という状態です。オンとオフをはっきりと分けて生活できる方がうらやましいです。あ、うらやましがってばっかりですね（笑）。

分析力

広い実感と深い考察

──編集者に適性があるとしたら教えてください。

極めて個人的な見解ですが、必要な2つの柱があると思います。ひとつは、世間に対して俯瞰的《ふかんてき》な視点を持って流行と相対すること。2つ目は、流行とはまったく関係なく定点観測をすることとです。乱暴に言いかえれば、「リア充な私とオタクな私」と言えます（笑）。わかりにくいですか？

「リア充」とは、「リアルな生活が充実している人」のことです。ご存じの方も多いですよね。ネットスラングに近いのですが、しっかりと流行にも乗り、年齢相応の充実した生活をしている隙のない方たちと僕は定義しています。一方、オタクは……わかりますよね？　ただ、僕が言う「リア充な私」とは、単に「流行のことをする、流行のものを買う」とかそういうことではなく、世間の流れを俯瞰的に見て、また体験しながら、「流行」という波が起こる先に常に自分を置くよう努力するということです。

「今、これが流行っています」とメディアを通じて知ったときには、「すでに多くの人が流行に乗っている」現象を伝えているということですよね。編集者として、それを知ることは大切ですが、一方で、知った段階ではもう遅いのだと思います。自分自身は、前のめりで、「流行」という現象が起こりそうな先に自分がある状態にしなきゃいけないと思うんです。

なにしろ本を作るのには時間がかかります。著者でもテーマでも、もたもたしている間に他社の本と競合してしまいます。ベストセラーも数カ月、数年経ったら「過去のもの」になってしまいます。だからこそ、著者の価値、その本の価値を最大限まで高めるために、本が「過去のもの」にカテゴライズされず、「将来的にも伸びる可能性があるもの」にしようと常に心がけています。

――客観視することが大切だということでしょうか。

そうですね。客観的に流行をとらえるということです。とはいえ、「流行っている」とか「みんながやっている」ことを「知る」というだけでは足りないと思います。「わかっているつもり」になってしまった自己体験がないものは、頭の中のイメージの中だけでしか形になってないんです。そのイメージは間違っている可能性があるんですよ。

テレビやネットなどで「今、この商品が大ブームです」というのを見て、「流行ると思ってた」とか「あの商品ってあんな感じだ」とか「捏造乙《ねつぞうおつ》」（「捏造だろう」の意）とか、触れもしないで決めつけてしまうのは、仕事の幅、ひいては自分の幅を狭めてしまうと思います。気になることがあれば実際に触れてみて実感する。または嫌なことも、あえて、本当に嫌かどうか実際にやって確かめてみたほうがいいと思います。そのうえで嫌だったら「嫌い」って言えばいいんですよ（笑）。無理に好きになる必要はありません。むしろ実感してみることが大切です。大衆がどういうものや現象を嗜好するのかを自分の身体をもって知れば、より客観的な視点が得られると思います。

――もうひとつの「定点観測」とは？

もうひとつ重要な柱、「オタクな私」であり続けるためには、「定点観測」を続けるということです。つまり、自分が好きなことや趣味を徹底的に深掘りして、突き詰める姿勢を持ち続けることです。傍から「なんでそんなにお金を使うのか」とか「時間の無駄」だと思われたって、貫き通したい自分の「好きなこと」がある人がいます。そういう人は、お金とか名誉とかそういった、人間の見得とは別の衝動で突き動かされています。そして、必要以上に深い考察をします。また、感情を共有したいという本能的な感情から、同じ好事家同士が強力なコミュニティを作ります。リチャード・バック著の『かもめのジョナサン』(新潮社)のような世界です。そういう感情や世界を知ることが求められます。

これは「マイナーなことをしよう」ということでありません。「マニアックになろう」と言っているのです。やることが、メジャーだろうが、マイナーだろうが、どんなことでも徹底的に突き詰めたらオタクです。よく「流行にもマイナーなものにも両方チャレンジして広い視野を」と言いますが、僕はこの表現には同意できません。

正確に言うと、チャレンジ自体はむしろいいことですが、チャレンジの前から「これはマイナー」だと決めつけてしまうと、その先にある「まだ見ぬ可能性」を見えなくさせてしまいます。世間で「誰も知らない」ということは、「これからみんなが知ることになる可能性」が存在するわけです。一方で、「これは流行っているらしい」なんて誰かに話したときには、「今さら（苦笑）」なんて、まあ、直接口にはしませんが、聞いている人にそう思われていることが多い時代だと思います。

「リア充な私」で広い部分での実感を、「オタクな私」で奥深い部分への考察を、この両面を持つことがポイントです。「リア充な私」が横の軸で、「オタクな私」が縦の軸とすれば、この縦に深く伸びる軸があると、さまざまなことに対しての理解能力は高くなるし、それを形にすることで実行力もついてくると思います。

オタクであるということ

――編集者はゼネラリストというイメージがありますが。

ゼネラルな視点ももちろん必要です。それが「リア充な私」に当たります。ただし、時代が変わって、編集者にさらに高度なものが求められている気がします。

それはこのオタク化した社会と時代です。これはネットワークが発達した現代だからこその現象だと思います。一見、普通の生活をしている人たちでも、何か一点、深く突っ込んだ趣味や嗜好を持っている人が増えています。かつては、マニアックな情報というのは、手に入りにくいものでした。しかし、ネットの発達により、さまざまな情報が簡単に手に入るようになりましたし、また好事家同士がネットワーク上で、その高度な知識を共有してしまっていて、もう単に「一般の人」なんていう言葉がなくなっています。「すべての人がプロ」のような時代になってしまいました。ここで言う「プロ」が「オタク」と言いかえられます。だから、編集者がまんべんなく、さまざまなことをある程度知っておけばいい、という姿勢では、読者の高度な要求に応えられない時代になっていると思います。

たとえばビジネス書。このジャンルはそれこそ、「オタク」のジャンルだと思っています（笑）。ちなみに「オタク」という言葉をネガティブにとらえている方がいたら、考え方を改めてもらいたいのですが、僕はしばしば褒め言葉として使います。さて、なぜビジネス書が「オタク」のジャンルなのかいいますと、ビジネス書の読者は、極めてビジネス書が好きな方が多いんです。そういう読者さまに喜んでもらうためにどうしたらいいかは、やっぱりビジネス書の世界に深入りしないと見えないんです。

僕の経験で振り返っても、ビジネス書をたくさん売る編集者の方って、やっぱりビジネス書が好きな人が多いと思います。その編集者は自分で楽しんで読めるものを作って、みんなと同じように共有している感覚なんですよね。それがやっぱり一番強いですよ。

「ビジネス書」と聞くと難しい、堅いというイメージを持つことが多いと思いますが、意外に読みやすいもののほうが多いと思います。なぜなら、ビジネス自体が難しいから、ビジネス書の存在が求められるわけですから。本はその難しいビジネスをなるべくわかりやすく伝えていなければならないし、楽しく読めるものでもなくてはならない。それが上手にできるのもやはり、自らが読者の代表になれる、ビジネス書好きな編集者なんですね。内容は深いけど書き口はやわらかく、というのは、本当にビジネス書が好きな編集者にしかできない技術でしょうね。

――ちなみに太田さんの縦の軸というのは？

……え？　僕ですか？　言わなきゃだめですか？

……最近の趣味はディープ・パープルです。

――どういう意味ですか？

はい、あの、すみません。えーと……70年代を中心に活躍したイギリスの偉大なバンド、ディープ・パープルがあまりにも過小評価されているのではないか、再評価されていないのではないかと、最近、仲間内で盛り上がりまして……。かならず再評価のときが来るはずだから、その前に我々がやろうと。キムタクのドラマの主題歌になる前に、我々が取り上げようと。ということで、僕がドラムを叩き、「Smoke on the water」と「Highway Star」と「Burn」を完全コピーしようと練習してます。当方完全アマ志向で、ライブの予定はありません。練習のみです。なお、ジョン・ロード（キーボード）を絶賛募集中です。
（注　このインタビューの2カ月ほど後、本当にディープ・パープルの「Burn」が木村拓哉氏出演のテレビコマーシャルで使用されていました）

──マニアックですね。

いえいえ、全然マニアックではないですよ。ディープ・パープルがマニアックだなんて認定してしまったら、僕は怖くて夜道を歩けませんよ（笑）。
とにかく、どんなことでも、自分たちでしか作れない「価値」を生み出せないかということをよく考えるんですよ。「マニアック」なんて言われると、むしろ興奮すると言うか（笑）。こんな生き方でいいんですかね？

企画力

価値を作るという作業

——価値を作るというのは、本作りにもつながっているのでしょうか？

つながっていると信じています（笑）。すでにベストセラーもあり、数冊も著書がある有名な著者の本を作ることは、売れなければならないというプレッシャーもありますが、もとより知名度が高かったり、ファンがついていたりするので、安心感もあります。一方で、メディアへの露出が少なく知名度がそれほど高くない著者の場合、この1冊の本がその著者のイメージのすべてになるんです。だから、この名前が印象に残るようなものにしていかなければいけない。彼らの価値を高めることが間違いなく必要になってきます。

２００８年に僕が担当した本の例であれば、『会計天国』。これは、小説形式で会計と決算書について学んでもらおうという狙いの企画でした。小説は、いわゆる「作家さん」が書かなければ、なかなか読んでもらえないものです。著者の竹内謙礼さんはコンサルタントで青木寿幸さんは会計士。世間の方々の持つイメージは「小説」とはかけ離れています。しかし、原稿はいい。

会計天国
竹内 謙礼・青木 寿幸 著
PHP 研究所

そこで、そのギャップを埋めるために、装丁のイメージにはかなり力を入れたつもりです。デザイナーさんと話をじっくり詰めて、この原稿が面白そうに見えるためにはどうしたらいいんだろう。どうすれば著者の肩書きとは関係のない「小説」形式の本を読んでもらえるのだろう、といろいろ思案したのです。

本のビジュアルイメージが著者と内容の価値を高めてくれれば、手に取る読者はこの本はいい本だ、この著者はいい著者だと思えるものです。これは、著者の書いた内容に編集者が自信を持っているのが前提です。そして、その本が売れたという事実が著者の価値をさらに高めていきます。でも、本が売れる前は、多くの人はその著者のことを知らず、何とも思っていなかったはずなのです。だから、編集者が先頭に立って付加価値をつけて、著者の魅力や実力を多くの人に伝えられるような仕事をしていかないといけないといつも思っています。

つまり、ただ単に売れればいいっていう考え方を僕はしないようにしています。売れる本っていっぱい出ますけど、そのまま押し流されて忘れられてしまうものもたくさんあるんですね。そうではなくて、売れて、かつ、長く残っていくものにするためにはどうするか。著者が、時間が経っても「私はこういう本を書きました」と胸を張って言えるようなものにするためにはどうするか、を常々考えています。

他人の評価する価値というものは、とてもあいまいです。たとえば、北海道旅行に出かけた際に、とある有名観光地の売店でブレスレットを買ったんですよ。デザインがとても気に入ったので。それをしばらくつけていたら、お世辞かもしれませんが、「それいいね！」と言ってくれる人が多くいました。そこで、僕は、その人たちに「どこで買ったと思う？」と質問したんです。すると「青山？　代官山？」なんて答えが続出で。ものがよければ、観光地の売店で売っているものも、青山で売っているものも同じものに見えるわけです。もし先に「売店で買った」と言ったら、そんな青山的なイメージなんて持たない人が多いでしょう（笑）。

――価値ってそんなものなんですね。

そうなんですよね。バックグラウンドは関係なくて、見えているものが重要。この見えているものが、いい雰囲気をかもし出していたら、それだけで価値があるということなんですよね。だから、僕たちがいかに「この本はとってもいい本です」と叫んだところで、「いい雰囲気」を出していなかったら、本は買ってもらえません。著者とその原稿の価値をどうやって増幅して見せるか、または加えていけるかっていうことが僕ら編集者の仕事の重要な部分でしょうね。

ドアラのひみつ
ドアラ 著
PHP 研究所

大ヒット作！『ドアラのひみつ』

――『ドアラのひみつ』のお話を聞かせてください。なぜドアラだったのですか？

理由は2つあります。ドアラを応援する人たちの強烈な圧力を感じる反面、メディアにほとんど取り上げられていなかったこと。もうひとつは、このドアラがマーケットの変化の象徴なのではないかと思ったことです。

この本は２００８年2月に出版されたのですが、ドアラ自体の人気は２００６年の夏から秋にかけて、特にドラゴンズファンの中で火がついていたと思います。ドラゴンズがリーグ優勝したことも大きかったのですが、ファンの中でのドアラへの愛情が高まりに高まって、２００７年の初めの頃、その愛情が外にあふれ出ていくかたちでドアラの動画を動画サイトにアップする人が出てきました。そこでさらに人気を博して、野球ファン以外の新しいファンがさらに増えていきました。特に8月以降は、クリエーター系の人の間でも話題になっていました。面白かったのが、誰もが誰も「ドアラがいいと思っているのは自分たちだけで、他の人には伝わらない」と思っていたことです。

なぜなら、東京を中心とした「マス」なメディアではまったく取り扱われることはなかったからです。多くの人が「最近、人気が衰退しているといわれるプロ野球の、しかも名古屋の中日ドラゴンズという渋いチームの、さらに選手でもないマスコット。それに多くの人気が集められるわけがない」という先入観がありました。

でも、現場では違いました。2006年の終盤にドアラが東京ドームに来たときも、ドアラを中心にスタンドのお客さんは盛り上がっていましたし、2007年の夏にドアラが横浜遠征したときも、ドアラ目当てのお客さんが球場に相当集まっていました。現場で起こっていること、本当にユーザーが存在するということ、そういうリアルをマスメディアと先入観が隠してしまっていると言えるかもしれません。

分析力　企画力

ドアラという「ニッチマス」の象徴

――ビジネス書をやられている中で、『ドアラのひみつ』はいいアクセントになったんじゃないですか？

そうですね。アクセントというには、少々ハードでしたが……。でも楽しかったですよ。『ドアラのひみつ』の後、2009年2月には、ドアラの2作目『ドアラのへや』

つば九郎のおなか
つば九郎 著
PHP研究所

ドアラのへや
ドアラ 著
PHP研究所

とともに、東京ヤクルトスワローズのつば九郎の『つば九郎のおなか』という本を同時に制作しました。

実はこのドアラの企画は、経営や経済の本を常日頃作っている中で、ずっと感じていたことから派生したものなんです。書籍の編集をしながら、マス媒体の信頼性が下がっている中で、本の存在意義とは何だろうかと、ずいぶん前からずっと考えていたんです。マスメディアで取りざたされる情報と、実際の社会とのギャップがどんどん大きくなっていると感じていて、情報が細分化されて、マスメディアがすべての情報をフォローできなくなっていると思ったんです。そうすると、本当に現場とか現地で支持されているものっていうのは、メディアの陰に隠れたところにいるんじゃないかと。特にネット上にはそういう存在があるんじゃないかと。マーケットは大きく変化しているのではないかと考えるようになったんです。

そういう視点で２００６年頃から、特にドアラを意識するようになりました。それ以前から存在は知っていましたし、ネットで不思議な支持を集めていることに気が付いてはいました。ただそれが、自分の仕事で対象とする「多くの読者さん」に値するものとはまったく考えていませんでした。ただ、先ほどお話ししたようにマーケットの変化を強く感じるようになったときに、ドアラには強烈な可能性があると思うようになったのです。「本にしたら、みんなビックリするだろうな」とは思っていましたが、みんな本当にビックリしすぎでした。

他のメディアで生産・消費されたテーマをまた本にするのも、いわゆる「マーケティング」的には成功だと思います。それもひとつの手段ですし、普段、僕も意識はします。ただ、この6、7年で時代が大きく動いて、ニッチがニッチではない「ニッチマス」の時代が来ているのではないかと感じているのです。こうなると既存のマーケティング観は通用しなくなってしまいます。だから、ある意味、その考察と検証としての「ドアラ企画」がありました。

特に書籍という媒体は、出版業界を見渡せば売れるものは数百万部、少部数のものは百部単位から生産されています。だからこそ、さまざまなテーマに即した形があって、ニッチに見えるものでも、間違いなく存在意義があります。少部数で始まった本でも、大きく売れれば、そのテーマだってマス化させられる可能性もあると思うんです。

それこそが書籍の、また書籍編集の持つ醍醐味ですよね。情報の一歩先というか「なめ上」を書籍で表現していくと、読者も喜んでくれますし。楽しい仕事ですよ。

新感覚エンタメ×ビジネス書『会計天国』

――太田さんの担当書でオススメの書籍は何ですか?

先ほどもお話した『会計天国』です。２００９年4月の末に発刊して、おかげさまでなんと9万部を突破いたしました。まだまだ伸びそうな、手応えはありますね。

いわゆる「ビジネス書」ではありますが、すごく読みやすいんですよ。流れるように読めるところが、この本の特徴です。読んだぞ! という読了感を手軽に味わえるうえに、会計や決算書にまつわる知識も身につく機能性もありますし、しかも、笑いあり泣きあり。全３００ページ以上ありますが、３００ページの感覚なしで読み終えてしまえますから。

――ビジネス書じゃないジャンルに置かれていても全然違和感がないような装丁ですよね。

今回の本はあえてそうしました。このイラストレーターさんはビジネス書とは違うイメージのお仕事を多くやられていて、なかなかこちらからお仕事をお願いすることがなかったんですが、今回の本では僕も新しい可能性にチャレンジしたいということもあり、お願いしたことがこの装丁につながっています。ビジネス書というものはもとより「い

投資ミサイル
竹内 謙礼・青木 寿幸 著
PHP研究所

かにもビジネス書らしいもの」が多いと思いますし、それがある種の安心感や信頼につながって売れるとも思うんです。

ただ、最近、それが少しずつお客さんに通じなくなってきているような気がしています。売れるからって、それにかまけていると可能性が広がらなくなると考えた部分もあります。そういう意味で、この『会計天国』では勝負したつもりです。今までとはちょっと違うものに、表紙をもっと違う印象に演出していかなきゃいけないんじゃないかって思ったんです。ビジネス書風に見えないけれどもビジネス書であると。そもそもジャンルなんてものは作り手が勝手に決めることではなく、お客さんが判断して決めるのではないかと思うんです。

ちなみに『会計天国』が好調でしたので、2010年には新作『投資ミサイル』も刊行し、同様にご好評いただいております。

その先の行動を促すきっかけを

——それでは最後に、太田さんが編集者として大切にしていることは何ですか？

「The Who」というバンドが大好きなんですが、そのギタリストである、ピート・タウンゼントの言葉で、

「ロックは悩みを解決するものではない。悩んだまま踊らせるものだ」

という趣旨のものがあります。これは本にも同じことが言えると思うんですよ。かならずしも本に答えが書いてあるわけではないかもしれない。それでも、楽しかったり、うれしかったり、感動したり。泣いたり、笑ったり。そこにある衝動が、読み手の「躍りたい、行動したい」気持ちを喚起してくれる。そして行動につながると思うんですよ。

たとえば、僕がドアラに乗せた願いは、その地方・地域に根づいている文化の強さを、「実はドアラはすごいぞ」ということを、東京発のメディアを通じて、名古屋の人たちに気付いてほしいというものでした。これは後付けでなく、本当にそう思っていたんです。

先日、久しぶりに名古屋に行ったら、セントレア空港の入り口にドアラがのぞいていて、JR名古屋駅のホームの売店にはドアラのお土産がいっぱいならび、駅前のデパートではドアラの姿をたくさん見かけるようになっていました。4年前までは考えられませんでした。町が変わったなと感じました。それはもちろん、すべてが『ドアラのひみつ』だけのおかげではないと思いますし、そんな自信もなかったのですが、他メーカーさんから、「あの本を見てウチも商品を作りました」と言われるたびに、少しはいい仕事ができたのかなと思えるようになりました。

何かが変わっていく。自分が変わる。そんなふうに、これからも読者のみなさんの行動を前向きに促せるような本を作っていければ幸いです。

――ありがとうございました。

スゴ編 No.004

ダイヤモンド社

寺田《てらだ》 庸二《ようじ》 さん

		経歴
1973	11	神奈川県横浜市 生まれ
1997	4	日本実業出版社 入社
2003	12	佐藤昌弘『凡人が最強営業マンに変わる魔法のセールストーク
2004	4	山田真哉『世界一やさしい会計の本です』
2005	9	ダイヤモンド社 入社
2007	12	勝間和代『効率が10倍アップする新・知的生産術』
2008	2	川本和久『2時間で足が速くなる!』
2008	9	ジョン・ケープルズ著/神田昌典監訳/齋藤慎子・依田卓巳訳『ザ・コピーライティング』
2008	11	勝間和代『起きていることはすべて正しい』
2009	12	勝間和代『やればできる』

愛用グッズ	趣味
◦OMRON Walking style （歩数計） …1日10,000歩めざしてますが、なかなかいきません ◦Panasonic CF-R6 …ちっちゃなレッツノートで原稿整理からネットサーフィンまで	お散歩とお水汲み

インプットカ　コミュニケーション力　企画力

嫌なこともやってみるものです。

——新人時代の失敗談や、思い出深いエピソードはありますか？

僕は書籍編集をやりたいと思って出版社に入ったのですが、いざ蓋を開けてみたら、5人くらいのチームでやるムック編集部に配属でした。書籍編集をやりたくて、1年間ずっと「書籍に移らせてください」と言い続けて、2年目から念願の書籍テーブルに行きました。そこで「やった！」と思った瞬間に、大変な仕事が待ち受けていたのです（笑）。

異動先が「増刷テーブル」と言って、重版のかかった本の校正がメインの部署でした。重版時に、各編集者が赤字の入った原本を「増刷テーブル」に持ってくるのですが、それをミスがないように、一字一句最終チェックをするわけです。

付せんだらけの原本とゲラチェックの繰り返し、という、僕にとって一番不向きな部署でした。そこにひとり、今から思えば最も感謝すべき上司がいまして、その上司に「お前の仕事はザル校正だ！」と、毎回僕のゲラを見るたびに言われていました。それほど、校正がまったくダメだったのです。それで、「上司」と「増刷テーブル」の二重苦で本当に嫌になって、よくバッティングセンターや深夜の逗子マリーナドライブに

証券化のしくみ
井出 保夫 著
日本実業出版社

行っていました。1日も早く抜け出したかったのですが、そこに1年半いたのです。
でも、嫌なこともやってみるものです。「増刷テーブル」なので、売れる本だけを集中的に見ることができ、あるときから「何が売れて何が売れないのか」がわかるようになってきました。「半年経って重版」は当たり前で、「3年経って重版がかかる本」に出くわしたことは、今思えば本当にいい勉強でした。いわば「売れるエキス」を2～3年目に体感することで、書店で平積みされている本だけでなく、棚にある本をしっかり見る意識がとても強くなりました。そこで身につけたスキルが今財産になっています。

――今は嫌だと思っていても、続けていればいいことがあるのですね。

そうですね。嫌だという気持ちはよくわかりますが、最初からすべて嫌だと決めつけるのはよくありません。当時は、どうしても結果を早く出したかったので、書店では興味のない棚にも行っていました。初めての自前企画は、1999年12月に出した、井出保夫著『〈入門の金融〉証券化のしくみ』（日本実業出版社）で、この本が6万部超売れました。僕はコンピュータが苦手だったのですが、あえて嫌いなジャンルから行こうと思い、最初の頃は、パソコン書や理工書ばかりやっていましたね。

光触媒のしくみ
藤嶋 昭・橋本 和仁・渡部 俊也 著
日本実業出版社

――興味がない分野の本を作られるときは、その前に相当勉強されるのですか？

僕は逆に「知らないことを武器」にしていました。ある種の割り切りですが、担当するのがパソコンや理工書の入門書ですから、知らない読者の立場から素朴に聞いていけばいいと思っていました。２０００年10月に出した、藤嶋昭＋橋本和仁＋渡部俊也著『〈入門ビジュアルサイエンス〉光触媒のしくみ』（日本実業出版社）では、光触媒の開発者で、ノーベル化学賞候補者でもある藤嶋昭先生に、休日返上で半導体のイロハを丁寧に教えていただきました。著者からは、「読者ってそういうことがわからないんですね」と逆に感謝されることも多く、初心者の僕とプロの著者がいい形でコラボレートしていきました。僕にとってはラッキーでしたね。

――寺田さんが著者に質問するときのポイントは？

５Ｗ１Ｈ（What ―なに、Why ―なぜ、Where ―どこで、When ― いつ、Which ―どちらの、How ―どうやって）です。僕が「なぜなに君」になって、わかっていてもあえて質問します。僕の仕事の大部分は、著者への質問です。どれだけ著者をやる気にさせつつ、質問の妙によってキラーワードを拾えるかが勝負なのです。

――勝間和代さんとお仕事されるようになったきっかけは？

名古屋出張時に、たまたま書店に入ったら、『Think!』（東洋経済新報社）に数多くの戦略コンサルタントの紹介がありました。その中で勝間さんだけが、何回ページをめくっても目に留まったのです。勝間さんのプロフィールを見たら、圧倒的な実績だったので、「なんでこの人、本を出していないんだろう？」と思いました。

帰りの新幹線で勝間さんの2ページ記事だけを何回も読み、家に帰ってすぐに「いろいろ企画を考えているので、お会いできませんか？」と勝間さんにメールしたら、すぐにOKのお返事をいただきました。初めてのランチミーティングは、広尾でしたね。

そこで、「情報のインプット&アウトプット」という観点から、「知的生産」というテーマを話してみました。そして、勝間さんがもともと「グーグル化」というキーワードを持っていたので、それと知的生産を合わせた企画で行こうとなったのです。勝間さんは仕事がとにかく早いので、すぐにマインドマップでレジュメを書いてきてくれました。それを見て、「これは売れそうだな！」と思ったので、「知的生産の女王」として、それまで出ていなかった勝間さんの写真を表紙に出していこうと心の中で思っていました。何度かやりとりする中で、僕はどうしても「自転車に乗っている勝間さんの写真」を表紙のオビに載せたくなったのです。

——時代と逆行した、自転車という「アナログ」が注目を浴びたのでしょうか？

そうですね。デジタル全盛の今、読書と体を動かすというアナログの大切さを読者に伝えたかったので、うれしいです。「情熱大陸」（毎日放送系）の制作会社の方がこの写真に注目し、勝間さんが「情熱大陸」に出演したのは本当にビックリしました。その勢いでChabo!という本の印税の20%が寄付されるチャリティスキームもできました。『効率が10倍アップする新・知的生産術』（以下、『グーグル化』、ダイヤモンド社）もおかげさまで27万部を突破し、僕にとっては思い出深い1冊になりました。勝間さんには本当に感謝しています。

効率が10倍アップする
新・知的生産術
勝間 和代 著
ダイヤモンド社

コミュニケーション力

利他の精神

——担当編集者から見た「勝間さんの成功の秘訣」は何だと思いますか？

やはり根が戦略コンサルタントですから、非常に理路整然としていて、無駄な鉄砲は撃ちません。常に目標があって、それを実現するためにはどうすればいいのかと逆算的に考えておられます。

あとは、利己主義の反対の「利他主義」（相手にメリットがあるように振る舞う）を非常に大事にされているので、相手にどんなメリットがあるかを常に意識されています。だから僕と仕事をする以上、僕にもメリットがあるように配慮してくださり、無駄な時間を使わせないように方向づけて仕事をされるので、本当にすばらしい方だと思います。

印象的なエピソードがありまして、『グーグル化』の発売日の1日前に勝間さんから営業部に感動的なメールが送られてきたのです。その1通のメールが社内を変えました。1通のメールで、著者と営業と編集を強く結合させてしまったのです！

――どんなメールだったんですか？

自己紹介から始まり、この本が作られた経緯、僕と勝間さんとの間でどんなことがあったか、などが書いてありました。営業のみんなと本当に一緒になって売っていきたい！　という熱い気持ちにあふれていたので、営業の心に火をつけたのです。

――そういった気配りが、利他主義ということなのですね。

そうですね。それが僕や会社のメリットである「売れる」につながりました。本が売

ザ・コピーライティング
ジョン・ケープルズ著
ダイヤモンド社

れる要因で大きいのは、営業と編集の熱意です。営業に任せっぱなしにせずに、いかに編集者と著者の気持ちが営業部のみんなとひとつになれるか。そして宣伝部も巻き込んで大きく広告を打ち、書店でも目立つところに置いてもらうなど、社内が一丸となればベストセラーができる土壌ができてきます。

コピー力　コミュニケーション力　インプット力

セオリーに則った、長いタイトル

専業主婦が年収１億のカリスマ大家さんに変わる方法
鈴木 ゆり子 著
ダイヤモンド社

――長いタイトルの本が多いですね。

ジョン・ケープルズ著、神田昌典監訳、齋藤慎子＋依田卓巳訳『ザ・コピーライティング』（ダイヤモンド社）は、76年読み継がれてきた伝説のコピーバイブルです。この本に関し、〝広告の父〟デビッド・オグルヴィ氏も、「私も本書で学んだ。今まで一番役に立つ本だ」と言っています。

この本をボロボロになるまでやれば、誰でも売れるビジネス書が作れると思っています。全４３６ページで、税込３３６０円ですが、それが3億円くらいの価値に化ける本

凡人が最強営業マンに変わる魔法のセールストーク
佐藤 昌弘 著
日本実業出版社

2時間で足が速くなる!
川本 和久 著
ダイヤモンド社

です。事実、神田昌典さんも、「この本は全世界で、数兆円の価値を生み出してきた」とおっしゃっていますが、この本に書いてあるのは、「短くてわかりにくいメッセージよりも、長くてもいいから、読者にとってのベネフィット、メリット、効果をしっかり書きなさい」ということです。これだけ覚えていても、売れるタイトルはつけられます。

鈴木ゆり子著『専業主婦が年収1億のカリスマ大家さんに変わる方法』（ダイヤモンド社）のタイトルも、キーワードは「専業主婦」と「年収1億」。最後に「方法」とつけているので、『ザ・コピーライティング』のセオリー通りなのです。

僕が前社時代に企画したロングセラー、佐藤昌弘著『凡人が最強営業マンに変わる魔法のセールストーク』（日本実業出版社）で言えば、「凡人が最強営業マン」になるなんてウソだろう？　と思いながらも、最後に「魔法のセールストーク」とあるので、どんなノウハウがあるのかな？　とつい手に取ってしまいたくなるのです。

「ポン・ピュン・ラン」で「世界一受けたい授業」（日本テレビ系）にも登場した、川本和久福島大学陸上部監督の処女作『2時間で足が速くなる！』（ダイヤモンド社）も、短くベネフィットを表現しています。この本は、僕がどうしても実現したかった企画で、川本先生の技術と生き様に惚れ込んで編集しました。

やればできる
勝間 和代 著
ダイヤモンド社

起きていることはすべて正しい
勝間 和代 著
ダイヤモンド社

──勝間さんの『起きていることはすべて正しい』は真逆ですね。

『起きていることはすべて正しい』『やればできる』（以上、ダイヤモンド社）のようなタイトルは、著者のネームバリューがある程度ないとつけられません。今までのセオリーにないタイトリングで、内心これで大丈夫かなと、薄氷を踏む思いでつけましたね。『起きていることはすべて正しい』は、今までの僕のセオリーを完全に破っているわけです。でも、新しい勝間さんの座右の銘で振り子を大きく振らないと、今までの延長線上の部数しか出ないのではないか。いけるかどうかというよりも、いくしかない！という感じでした。幸い発刊後の読者ハガキを見ると、「このタイトルだけで買った」という読者の方が多いので、すごくうれしいです。現在、22万部を突破し、「ビジネス書大賞Ｂｉｚ―Ｔａｉ２０１０」で、「読者賞」を受賞しました。

新人編集者の方は、セオリーに反するタイトリングはある程度点数を重ねるまではあまりやらないほうがいいかもしれません。『ザ・コピーライティング』のセオリー通りに愚直にやっていれば、3年目くらいから自分流を発揮して、思い切ったタイトルをつけられるようになります。そのためにも、書籍編集者であれば、『ザ・コピーライティング』をボロボロになるくらい活用していただきたいです。コピーの「守・破・離」があるとすれば、この本を徹底的にマネて自分の血となり肉となることで、徐々に自分なりの売れる方程式ができてきます。

――勉強も大切なのですね。

そうですね。でもひとりよがりはダメです。決断するときは常に周りを見ていなければいけません。編集者は、どうしても自分の頭だけで考えてしまいがちです。

でも、僕は自信がある本ほど、営業の人たちに「この方向でどうですか？」と聞いてみるのです。自分がこうだ！　と思っていても、いろいろな助言でそれがガラッと変わることもあります。

矛盾するようですが、「強固な自分の意志を持ちつつ、朝令暮改も歓迎する」という二律背反的な要素を併せ持っておくことが大事なのです。

『起きていることはすべて正しい』のカバーはオレンジ色ですが、当初勝間さんと僕は、赤色または白色派でした。

でも、大阪の営業部隊が書店さんに赤とオレンジと白のカバー案を持っていき、半日かけてモニタリングしたところ、圧倒的にオレンジがいいという反応があったのです。

結局、書店さんと営業の声を信じて、オレンジにしました。勝間さんと僕だけで決めていたら、赤か白になっていたはずです。

内心、「オレンジで大丈夫か?」とヒヤヒヤしていたので、「失敗したら営業の責任だからね」と言っていました(笑)。営業も売らなきゃいけないということで、相当がんばったようです。そういう駆け引きも面白いですね。

インプット力 分析力

小さなことからコツコツと

――寺田さんが日頃心がけていることは何ですか?

本を1日1冊読むようにしています。しかし、どうしても1カ月で30冊に届かないときもあります。でも、それはそれでいいのです。意識的に1日1冊は本を読むぞと思っているのかそうでないかで、結果がおのずと変わってくると思っています。

ジャンルは何でもいいのです。薄い冊子でも1冊にカウントします。今日は中日ドラゴンズの山本昌さんの処女作『133キロ怪速球』(ベースボール・マガジン社新書)を読んできたのですが、朝からすがすがしい気分になれました。

そして読んだら、僕の行動計画表である、ヤフーカレンダーに書き込みます。しっかり記録をして、記憶に残すのです。この作業を1回ごとにやっていくと、30日経って30冊、何を読んだか簡単にチェックできます。

朝30分の掃除から
儲かる会社に変わる
小山 昇 著
ダイヤモンド社

――ビジネス書以外に、プライベートで興味のあるものも多く読まれますか？

そうですね。ビジネス書から離れていろいろな本を読んでいます。中山美穂さんの『なぜならやさしいまちがあったから』（集英社）も読みました。アマゾンで和書総合100位以内の話題書も、ジャンルを問わずけっこう読みますね。

――ご自宅は本だらけという感じですか？

そうでもないです。読んで面白くなかった本は整理するようにしています。僕は机の上にあまりものを置かないようにしていますが、整理整頓がカギだと思っています。株式会社武蔵野の小山昇著『朝30分の掃除から儲かる会社に変わる』（ダイヤモンド社）を担当したときに、「整理は戦略、整頓は戦術」と学んで、モードが変わりました。迷ったらどんどん捨てる。そうすると運がよくなる気がします。だから机の上はいつもシンプルな状態にしているのです。

――「1日1冊読んで記録し、整頓する」ことが1セットなのですね。

そうです。全部仕組みにしてしまいます。僕は、古市幸雄著『「1日30分」を続けなさい!』(マガジンハウス、現在大和書房で文庫化)からヒントを得て、「1日30分」を「1日30回」に勝手に置きかえ、「1日30回」それも「1セットのみ」腕立て・腹筋・背筋を始めました。けっこう長く続いている秘訣は、「1セットしかやらない」からでしょう。無理にセット数を多く設定しても、絶対続きません。自分が続けられる範囲でやっていくことが大事です。

――自分の中で決めたルールがあって、それに沿っていく。シンプルですね。

それで結果が出なくてもいいと思っています。結果が出なかったら、何がいけなかったのかをリサーチして、次に活かせばいいのです。よく「編集はセンスだ」と言われますが、そうではないと思います。やはり、「技術と精神」。ビジネス書の場合は「技術」面が特に大きいです。その「技術」は学ぼうと思えば、誰でも学べます。あとはきれいな心の著者と、本当に熱く仕事ができるかどうか、それだけです。

自分自身心がけているのは、一発屋で終わらないことです。僕が処女作著者プロデュースにこだわり、2003年12月から「処女作著者プロデュース連続重版記録」を更新中なのは、売れるセオリーをしっかり守りつつ、それに沿いつつズラす、ということを意識的にやっているからかもしれません。

また、場外ホームランを狙いながらも、会社に財産として残せる本、50年・100年経っても残る本を作るぞ、という気持ちも強く持っています。そのためにも、1日1冊本を読むとか、鉄アレイやバッティングセンターで体を動かすとか、コピーライティングをしっかり学ぶといったことを地道にコツコツやるしかありません。

それを愚直に続けることで、20万部超2作、10万部超6作、自前企画の生涯重版率8割超、処女作著者プロデュース9作連続重版、一般書籍12作連続重版の編集部記録を達成することができました。

20歳まで野球バカで、本すらまともに読んだことのなかった僕ですが、これからも自分の成長・進化をテーマに、新しいことにチャレンジし続けたいと思います。

――そのスタイルとは？

できるだけ会社にいないことと、営業とのコミュニケーションを大切にしています。見えないところで何をやるかが勝負です。「あいつ会社にいないけど、何をやってるんだろう？」と言われ続けても、著者に会い、書店で熟考し、体を動かして五感を鍛える。

自由にやるためには地道に成績をしっかり出していくことが大事。そうすれば周りも応援してくれて、自分のしたいこともしやすくなるといういいサイクルが生まれます。

技術と精神が宿った本作り

――売れる秘訣を教えてください！

2008年9月に、エリエス・ブック・コンサルティングの土井英司さんと対談させていただいたときにも話したのですが、一番大切なのは「技術と精神」が宿った本作りです。実用的な技術（ノウハウ）と著者の精神（魂）の両方が必要なのです。

読後感として、ただ単に役に立ちましただけではなく、「こういう志の著者もいるんですね！」とか、「この著者の心意気、とってもいいですね！」という精神面で感動したという読者ハガキがうれしいですね。これからも、自分の志と同時に、しっかりとした技術を持った著者とお付き合いしたいです。

**カリスマ編集者から学ぶ
20万部超マーケティングの秘密
土井 英司・寺田 庸二**
エリエス・ブック・コンサルティング

手取り1655円が1850万円になった営業マンが明かす月収1万倍仕事術
大坪 勇二 著
ダイヤモンド社

――印象に残っている著者の方はいらっしゃいますか？

『手取り１６５５円が１８５０万円になった営業マンが明かす月収１万倍仕事術』（ダイヤモンド社）の大坪勇二さんです。

大坪さんは、新日鉄で９年間経理をやっていて、その後、ソニー生命の完全歩合制の営業マンになったのですが、入社３年目の34歳のときに、手取り「月収」が１６５５円まで落ちたのです。

そのとき、奥さんのお腹には子どもが宿っていました。もう這い上がるしかない状況で、成功者にインタビューし、徹底的に本を読んで編み出したのが「５つの成功ツール」。これを武器に営業攻勢をかけたところ、半年後に手取り月収が１０００万円、最高時には１８５０万円（月収です！）になったのです。だから、「月収１万倍の男」なのですね。

その本が２００９年６月19日に出ました。メインタイトルは35文字で、自身最長タイトルです（笑）。おかげさまで発売直後に重版となり、処女作著者プロデュース連続重版記録が９に伸びました。

初版１万部とハードルが高かったのですが、アマゾンでも、一時あの村上春樹氏をおさえ、総合２位まで行きました。

――営業と編集が仲よくやっているということでしたが、今回はどうでしたか？

営業部がリアル書店はもちろんのこと、ネット書店にも「今度の大坪さんの処女作をよろしくお願いします！」と前々から声をかけてくれていました。今回は処女作だったのですが、なんと「紀伊國屋ホールで大坪さんの講演会をやりませんか？」と営業から声をかけてくれたのです。１３３回（当時）の紀伊國屋ホール講演会の長い歴史の中で、処女作著者の講演会は異例でしたが、会場に多くの方が詰めかけ、とても盛り上がりました。

当社の営業部隊は20～30代の若くて元気のある人が多いので、この本を仕掛けるとなれば、突破力と機動力ですぐに手配してくれて、すべてがスムーズに進みます。井上直部長以下、営業部の方々に本当に感謝しています。

分析力　楽しみ力

データを武器にする

――編集者としてやっていくうえで、適性があるとすれば何でしょうか？

僕が一番大事にしているのは体です。「体に聞け」と、いつも自分に問いかけています。体はウソをつきません。僕は毎日起きたら、腕立て・腹筋・背筋、鉄アレイ、素振りをしています。僕がやっている朝の行動は苦痛でも何でもなくて、歯磨きの感覚に近いです。その習慣が著者との体感コミュニケーションに活きてくるわけです。取材時はタイミングのよい質問が命ですから、編集者にとってリズム感が欠かせません。僕はこれを14年におよぶ軟式、硬式、準硬式の野球生活で身につけてきました。

ポイントは、やったことはどんなに些細なことでも記録することです。読書もそうですが、筋トレや素振りもヤフーカレンダーにその都度書き込んで、あとはしっかり体重と体脂肪率を測ります。こういうことを愚直にやっていくと、何か身体で変化が起きたときに、何が原因かがおおよそわかってくるのです。

編集者は野球選手と同じで、一番大事なのは風邪をひいたり、けがをしないこと。だから常に運動し、いい血液の巡りにして、いいものを食べ、いい心の状態にしておくことが一番大事なことだと思います。

運動に限らず、美術館に行ってきれいな絵を見る、映画を観てすがすがしい気分になるなど、人それぞれリラックス法は違うでしょう。僕のお勧めは、簡単なウォーキングです。会社帰りや朝に1駅前でおりて「梨の花のつぼみが出てきたな」とか、「あじさいが咲きはじめたな」など、四季を感じて五感をフル回転させながら歩くのです。

10年後あなたの本棚に残るビジネス書100
神田 昌典＋勝間 和代 著
ダイヤモンド社

気持ちをリセットしたいときは、バッティング手袋を持って自宅近くのバッティングセンターに行き、左右打席で１００球くらい打ち込みます。グアッ～と汗だくになると、スカッ！　としますね。

――寺田さんと野球は切っても切れない関係ですね。

先日勝間さんにも、「寺田さんの編集って野球ですよね」と言われて、鋭いなと思いました。目次を作るときにも、野球の監督が打順を組むような感じで作っています（笑）。

また、野球をしているときの躍動感で作った作品で思い出すのが、①神田昌典＋勝間和代著『10年後あなたの本棚に残るビジネス書１００』、②大串亜由美著『研修女王の最強３分スピーチ』、③白石謙二著『朝３分の声トレで、あなたの話し方が９割変わる！』（以上、ダイヤモンド社）です。①は両著者初のコラボ。１００冊すべてを取り寄せ、題名を一字一句チェックしました。②は〝研修女王〟の「主演・脚本・演出」CD付き。③は全文を著者が肉声で収録するという初の試みをしました。おかげさまで、いずれもロングセラーになっています。

野球からは精神面についても多く学びました。攻守の切替えを常に要求されますから、毎回気持ちをリセットすることが大切です。たとえ売れない本があってもそれを引きず

研修女王の
最強3分スピーチ
大串 亜由美 著
ダイヤモンド社

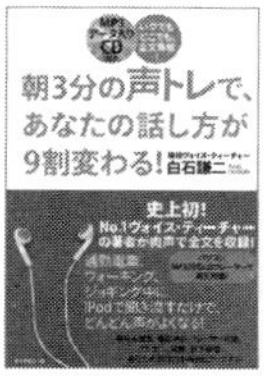

朝3分の声トレで、
あなたの話し方が9割変わる！
白石 謙二 著
ダイヤモンド社

らずに、「次は絶対売れるから」と営業を巻き込むくらいの気合いでやっていくと、社内に熱が伝わり、盛り上がってきます。本当に毎日野球をやっている感覚ですね。

――しかもID（データ重視）野球ですよね。

そうですね。ＩＤ野球をしながら、フィジカルを鍛えるのが好きですね。本の売上データを緻密に分析しつつ、「この著者には、まだまだ眠っている才能がある」とか、「こういう角度の企画は売れそうだな」と、企画を考えます。一番楽しいのは、処女作著者を発掘・出版し、すぐに重版がかかってビールで乾杯！　することですね。

僕の場合は、処女作著者を担当するのが精神面の修業に一番いいです。自分が料理人として著者の潜在能力をどう料理していくかという面白さがあります。しかも誰にも制約されませんから、自分のイメージした本ができてきます。

もちろん、それなりのリスクはあります。実績は何もないですから。そして、処女作でこけてしまったら、その後の著者の人生も終わってしまいます。僕の場合はこのいい意味の緊張感が、すべてにいい影響を与えています。

処女作ならではの著者の熱意は、かならず読者の心を動かすと信じ、これからも技術と精神あふれる著者と熱く本作りをしていきたいと思います。

インプット力　コミュニケーション力

「同席させてください」というひと言

――体調管理の他に、普段気をつけていることはありますか？

あとは装丁をどう作るかですね。これはもう場数を踏むしかありません。正直、著者選びと同じくらいに装丁家とのやりとりが売れるかどうかのカギです。

装丁家はアーティスト。プライドを持ってやっている方が多いので、言葉遣いに気を使いつつ、自分のやりたいことをハッキリ伝えなくてはなりません。初対面の装丁家の場合、最初の1～2時間、相当気合いを入れていきます。装丁家選びもマンネリにならないよう、できるだけ新規の人を開拓するようにしています。

新人編集者の方には本当に難しいと思いますので、一番いいのはその会社の優秀な編集者に、「すみません、今度、先輩が装丁家に会うときに、同席させていただけませんか？」と、言ってみることです。このひと言を言えるかどうかで、今後の成長度合いが変わってきます。

――「同席させてください」というひと言ですか？

そうです。「嫌だよ」と言う先輩はほとんどいないでしょう。先輩の邪魔をせずに隣で静かに聞いているだけで、先輩の立ち居振る舞いや言動をつぶさに観察できます。ポイントは、その日先輩と別れた後に、「自分だったらこうする」とか、「先輩のよかった点・悪かった点」をメモしてみることです。記録に残さないと、同席した意味がどんどん薄れます。それを何回も繰り返してデータ化していくと、いろいろな共通点が見えてきます。装丁家を盛り立てるひと言を最初から言う編集者もいれば、世間話から徐々に話の核心に入る人もいるでしょう。

メモの取り方について、僕はいつも大型ノートに4色ボールペンで取材メモを作っています。これは齋藤孝さんの「3色ボールペン術」をそのままやっていて、個人的に面白いと思ったものには「緑」、客観的に本当に大事なものには「赤」、まあまあ大事なものには「青」、という感じでメモをしています。バロメーターとしては、取材中にどれくらいの緑があるかで、その本が面白いかどうかわかるのです。その緑の中からオビのコピーも生まれてきます。

だから、編集者はセンスじゃなくて、「技術」だと思っています。いかに、そのときのひらめきを緑のペンで書きなぐれるか。これは正解のない世界ですが、場数を踏むこ

1年で駅弁売上を
5000万アップさせた
パート主婦が明かす
奇跡のサービス
三浦 由紀江 著
ダイヤモンド社

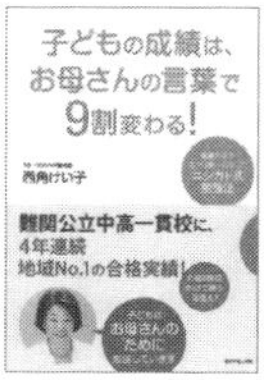

子どもの成績は、
お母さんの言葉で
9割変わる！
西角 けい子 著
ダイヤモンド社

とで技術化できます。そのときの自分のメンタル状況や体調にも大きく関わってきますから、いつも心身を健康に保っておかないといけません。

――最後に今後のビジョンをお聞かせください。

甲子園球場近くの小さな塾で、倍率10倍以上の難関公立中高一貫校に4年連続地域ナンバーワンの合格実績を挙げている西角けい子さんの『子どもの成績は、お母さんの言葉で9割変わる！』が発売早々重版になったので、「エチカの鏡」（フジテレビ系）で話題となった三浦由紀江さんの『1年で駅弁売上を5000万アップさせたパート主婦が明かす奇跡のサービス』が重版になると、全処女作著者プロデュース11連続重版となります。この本も在庫わずかですが、44歳でパートデビュー、52歳で正社員、53歳で年商10億のカリスマ所長となった著者の熱い魂と濃密な売れるノウハウが入っています。読者の方にかならず役に立つ1冊です。

これからも、ビジネスパーソンや子どもたち、お母さんたちを心から救える良書を開発し、孫の世代まで語り継がれる本を作りたいです。

――どうもありがとうございました。

スゴ編 No.005

ディスカヴァー・トゥエンティワン
千《ち》葉《ば》 正《まさ》幸《ゆき》 さん

		経歴
1972	12	東京都出身
2002	1	(株)ディスカヴァー・トゥエンティワン入社
2003	3~	『夢をかなえる人の手帳』シリーズ(藤沢優月)
2005 2006	8 11	『自分を磨く方法』『新自分を磨く方法』
2006	12	『バルタザール・グラシアンの賢人の知恵』(B.グラシアン)
2007 2008	7 12	『働く理由』『続・働く理由』(戸田智弘)
2008	3	『最少の時間と労力で最大の成果を出す「仕組み」仕事術』(泉正人)
2008	7	『ワンランク上の問題解決の技術』(横田尚哉)
2009	11	『パーソナル・マーケティング』(本田直之)
2009	12	『つながる力』(勝間和代+広瀬香美) などを担当

愛用グッズ

JETSTREAM(三菱)
…4色ボールペン+シャープペンシル
フル装備のものを常用。
机の引き出しやカバンの中に
何本も入れて、いつでも使えるようにしてます。
iPhone
…すっかり依存してます!

座右の銘

I'm younger than that now.
(あの頃の自分より今の自分のほうが若い)
ボブ・ディランの歌詞です。

未知の領域だったビジネス書の面白さに気付く

――就職活動では、出版社を中心に受けられたんですか？

はい。出版をはじめ、メディア関係の会社を中心に活動しました。

――メディア関係を中心に志望されたということは、世の中に何かを発信したいという思いがあったからですか？

発信したい……うーん、それほどの強い欲求があったわけじゃないんですよ（苦笑）。関わってみたい、くらいの感じでしょうか。

学生時代、バンドサークルでベースを弾いていたんですが、そのときも、オリジナルの曲を書いて世に出したいとか、練習に練習を重ねた演奏を見せつけたいとか、そういった発信志向は、自分には特になかったんです。それより、タイトなリズムのAさんにドラムを頼んで、ギターはカッティングが得意なB君に任せて、ボーカルは華があるCさんにお願いして、そのメンバーで、この曲をこうアレンジして演奏したらきっと面白い！　みたいな感じで、バンドを組み立てていくのが好きで、得意だったんです。プレイヤーよりも、プロデューサー、ディレクター志向だったんですね。

それって今の仕事にも通じていて、文章を書きたいとか、著者になりたいわけじゃないんですよ。まだ世に出ていない面白い著者、誰も気が付かなかった新しい視点、問題解決に役立つノウハウ、背中を押してくれるような説得力ある言葉……そういう原石を見つけてきて、それをどうやって世の中に伝え、広めていくかを考える。どんな構成にするか、内容はどれくらい掘り下げたものにするか、タイトルは？　装丁は？　……って考えはじめると、アイデアがいろいろ思い浮かんでくる。そんな感じです。

もちろん、学生時代には編集がどんな仕事か全然わかっていなかったんですけど、結果的に合っていたと思えるのは、そういうところなんじゃないかなと思ってます。

――なるほど。そして最初の会社に入ってみてどうでしたか？

大学の文学部を出て、それまでは無縁だったビジネス書という分野の編集に携わったわけですが、これがとても面白かったんです。Aという分野ではこういう著者が人気を集めていて、Bという分野では○○社や××出版社が幅を利かせていて、Cという分野はニッチだけどロングセラーが多くて……といった具合に、ビジネス書の世界の中にも、いろいろな状況やトレンドがあるじゃないですか。自分にはまったく未知の領域で、それが逆に新鮮でした。ここにはひとつの生態系ができているな、と（笑）。

社会学がわかる事典
森下 伸也 著
日本実業出版社

新人のうちは比較的時間もあったので、毎日のように会社の近所の書店に通っては、ビジネス書の棚を眺めていました。一度興味を持ったら、とことんその世界にハマりこむタイプなんです。マニア気質というか。

――そこから転職されたきっかけは何だったんですか？

はい、ビジネス書から離れたかったんです。

――え？　千葉さん、今でもビジネス書を編集されてますよね？

正確に言うと、もっといろいろな本作りをしてみたかったんです。

当時の日本実業出版社は、フォーマットの決まった入門書が中心でした。「イラスト図解○○のしくみ」「よくわかる××業界」のようなシリーズを作って、棚で長く売るという戦略で回していたわけです。

フォーマットの決まった本の編集って、形式が決まっている分、原稿内容に意識を集中できるから効率的だし、新人にはいい勉強になるんですが、何年もやっているとだんだん縮小再生産になっていきがちなんです。もちろん、その中でいいものを作ったり、新しいシリーズや形式を自分で考えたりしていけばいいわけで、優秀な先輩方はそうし

「マジビジ」シリーズ
ディスカヴァー・トゥエンティワン

新自分を磨く方法
スティービー・クレオ・ダービック 著
ディスカヴァー・トゥエンティワン

ていたのですが、自分の場合、他の会社はどうやっているんだろうと興味がわくようになりました。平たく言うと、30歳を前に、一度くらい転職してみたいと思ったんです。

それと、ビジネス書の面白さがわかりはじめたとはいっても、所詮、社会人経験の浅い20代の文学部出身。『社会学がわかる事典』のように、関心のある領域で社会学や環境問題の入門書を作ったりしたものの、そんな自分がビジネス書編集のプロになれるのだろうかという不安もありました。ビジネス書から離れたかったというのはそういうことで、要するに、もっといろいろなジャンルで自分を試してみたかったんです。

——それでディスカヴァーに転職されたわけですね。

その頃のディスカヴァーは、ビジネス書はまだほとんど出しておらず、女性エッセイや翻訳物の自己啓発書が中心でした。このあたりのジャンルは、内容と同じくらい「見せ方」が大事なんです。そこで最初は、CDサイズの本を担当したり、『夢をかなえる人の手帳』シリーズを立ち上げたりしながら、多くのデザイナーの方と、いろいろなデザインの本を作りました。長坂勇司さん装丁で、白地に金箔銀箔のタイトル文字をあしらった『自分を磨く方法』はK書店の年間ベスト20に入って、長坂さんの出世作になった、と押しつけがましく自負しています（笑）。寄藤文平さん（「マジビジ」シリーズ）

バルタザール・グラシアンの賢人の知恵
バルタザール・グラシアン 著
ディスカヴァー・トゥエンティワン

や松田行正さん（『バルタザール・グラシアンの賢人の知恵』『ニーチェの言葉』）とも、その頃から装丁のお仕事をさせてもらっています。

ただ、ビジネス書から離れたいと言いながらも、転職してみたら、ちょうどディスカヴァーでも、コーチングの本を皮切りにビジネス書を展開していこうという時期でした。それで、何だかんだとビジネス書を編集する機会が増えていって、今では、担当する本の８割以上がビジネス書になってしまいました（笑）。

前の会社の先輩からは、「お前、あんなこと言って会社を辞めたのに、結局ビジネス書ばかり作ってるじゃないか」と言われます（笑）。

インプット力

専門性よりも、広い見識を身につける

――編集者として身につけたほうがいいスキル、心持ちはありますか？

編集者は、ときに企画を考え、ときに著者を励まし、ときに会社と著者の間の調整役になり、ときに本の内容の正確さを期するために資料まみれになり、ときに著者の原稿

を手直しし、ときにオンライン書店の書籍紹介文を書き、ときにポップなど販促グッズを作り、ときに読者のみなさんとつながります。ケースバイケースで、いろいろな役目をこなす必要があるわけです。そこで求められる能力って、専門性よりも、全体を見ながらバランスよく臨機応変な対応ができることだと思うんです。

小社の干場（社長）が「編集者に必要なのは知識よりも見識」とよく言っているのですが、たくさんの仕事を同時進行させて、さまざまな分野の著者と付き合いながら、そのつど適切な判断をしていかないといけないわけで、かといって、あらゆるジャンルの専門家にはなれない。そこで部分最適よりも全体最適を考えながら、大きな視点でディレクションをしていくために、見識が求められてくるんだと思います。

──見識を身につけるためには、どうすればいいのでしょう?

僕もまだまだ道半ばで全然できていないので、偉そうなことは言えないのですが、ひとつには、さまざまなものの見方や考え方について知っておくことだと思います。

そのために、できるだけ外に出て、さまざまなタイプや立場の人と接するようにしています。やっぱり人から学ぶことが一番多いですから。挨拶や世間話だけじゃなくて、時間をとって、その人の専門分野について聞かせてもらうのがいいですよね。

つながる力
勝間 和代・広瀬 香美 著
ディスカヴァー・トゥエンティワン

とはいえ、人と会うのにも物理的・時間的に限界があります。だから、本を読む。何か興味を持ったら、そのテーマでどんな本が出ているのかを調べて、そこから面白いものをたぐって、探していきます。

書店に行くだけでも、すごく勉強になります。書店の情報量はすごいですからね。自分はとにかく書店にたくさん足を運んで、自分の仕事の分野や、趣味のコーナーだけじゃなくて、あまり知識がないジャンルの本棚もときどき眺めるようにしています。そうすると、よくわからないなりに、この分野ではこんなことが起きているんだ、こういうトレンドがあるんだ、といったことが見えてきますよね。

あとは、ネットを見ることでしょうか。ブログやソーシャルブックマークなどを定期的にチェックしています。最近ではツイッター。いわゆる物書きや同業者だけでなく、エンジニア、法律の専門家、医師、海外暮らしの方、読書家など、さまざまな職業や立場の人をフォローして、さまざまな立場の方の考えや知見を見開きすることで、多角的に視点を広げるのに役立っています。好きが高じて、ツイッター入門書の『つながる力』も担当しました。

インプット力

ベストセラーや話題書からも学ぶ

——書店に行くことが大切ということですが、週に何回ぐらい書店に行かれますか？

新人時代（前職）では、1日1回はかならず行っていました。今は帰りが遅くなることが増えて、そこまで頻繁には通えなくなりましたが。でも、出先や移動中でも書店を見つけたら、2〜3分でもいいのでパッと店に入って、新刊台をざーっと見て、自社本の置き場所と減り具合を確認して、ビジネス棚をぱーっと眺めて、気になる本は目次やデザイナーをチェックして、それから、ぐるっと早足で店内を一周します。もちろん時間があれば、半日くらいは平気でいますね。

あと、できるだけたくさんの書店を回ることも心がけています。決まっていつも行く店があるのは（定点観測という意味でも）悪いことじゃないんですが、そこしか行かなくなると、どうしても傾向が偏ってしまいます。

たとえば僕は、通勤途中にあって夜も23時まで営業しているという理由で、ブックファーストのルミネ新宿店によく行くんですが、そこの影響を受けすぎると、自分の編集する本が「ブックファーストのルミネ新宿店で売れやすいテーマ、著者、装丁」に偏ってしまう。でも世の中は、ブックファーストみたいな書店ばかりじゃないし、ルミネに来るようなタイプの読者ばかりじゃないですよね。

　ブックファーストで売れる本も作れれば、郊外のショッピングモールにぴったりはまるような本も、都心の八重洲や丸の内で評価されるような、信頼性のあるビジネス書も出せる……それくらい引き出しの多い編集者でありたいです。あくまで願望ですが（笑）。

――プライベートではどんな本を読まれているんですか？

　プライベートと仕事の境界はきわめてあいまいですが……乱読ですね。学生のときに読んだ浅羽通明さんの影響で、橋本治さんの本は（全部は追いかけきれませんが）好きで見つけたら買いますし、人文系の読みものや新書も、ひと通りチェックしています。ビジネス書では、仕事観に関わる本が好きです。現在はダイヤモンド社の常盤亜由子さんが編集した『マイクロソフトでは出会えなかった天職』（ジョン・ウッド著、ランダムハウス講談社）とか、コート・ドールというフレンチの名店のシェフが書いた『調理場という戦場』（斉須政雄著、朝日出版社）は、よく人にも勧めています。このあたりのテーマに興味がある方は、宣伝になりますが『働く理由』もぜひ読んでください。

働く理由
戸田 智弘 著
ディスカヴァー・トゥエンティワン

小説や漫画も読みます。保坂和志さん、絲山秋子さん、藤谷治さん、漫画だと大場つぐみさん原作の『バクマン。』（集英社）の最新刊（7巻）は、書籍編集者には思い当たるところが多すぎて、泣きながら一気に読みました（笑）。

自分の趣味や興味にはまらなくても、ベストセラーや話題書からは、コピーライティングや装丁、デザインなど学ぶところが多いです。たとえば最近だと『日本を貶めた10人の売国政治家』（小林よしのり編、幻冬舎新書）。帯のコピー「ワースト第3位＝小泉純一郎。ならば2位、そして1位は誰だ!?」が秀逸ですよね。こういうふうに、印象に残ったコピーとか、面白いと思ったものを自分の中にストックしていくんです。

コピー力　企画力

自分とともに歩んでいる「夢かな手帳」シリーズ

――今までたくさん本を編集されている中で、思い出に残る本はありますか？

全部の本にそれぞれの思い入れがありますが、あえて挙げるなら「夢をかなえる人の手帳」シリーズでしょうか。これは僕がディスカヴァーに転職して間もなく送られてき

夢をかなえる人の手帳
藤沢 優月 著
ディスカヴァー・トゥエンティワン

夢をかなえる人の手帳術 最新版
藤沢 優月 著
ディスカヴァー・トゥエンティワン

た、いわゆる持ち込み原稿が出発点で、その翌年の２００３年に最初の書籍『夢をかなえる人の手帳術』を刊行して以来、累計１１０万部を超えるシリーズになりました。

企画原題は『人生をスケジューリングしよう』で、それも魅力的だったのですが、もう少し具体性を持たせたほうが読者の方も書店さんも受け入れやすいはずということで、『夢をかなえる時間術』になったんです。でも、時間の使い方が大切なのはわかるけど、「時間術」っていうタイトルだといまひとつ抽象的で、本を買ってまで勉強する気にならないよね、と。そこで「手帳術」という言葉が浮かんできました。

書名に「手帳術」とうたった本は、当時ほぼなかったんです。検索したら、数年前に１冊出ただけ（しかも内容は全然異なる）。それで、干場（社長）の発案で「人の」を入れて、『夢をかなえる人の手帳術』というタイトルになったんです。これは新人のデビュー作としては異例の売れ行きとなり、結果的に、２００２年に始まった「ほぼ日手帳」とともに、手帳ブームの先がけになりました。

1冊の中に世界を見立てる

──ベストセラーに共通することがあるとすれば、何でしょうか？

世界観があることじゃないでしょうか。タイトルが面白いとか、装丁にインパクトがあるとか、著者にネームバリューがあるとか、有名人が推薦しているとか、そういう断片的なパーツだけをただ無計画に寄せ集めても意味がなく、それらを貫き通す世界観があって初めて、本になる意味があると思うんです。

もちろん、タイトルや著者名だけで売れることもあるんですけど。でも、そういうものに頼らずに、本自体が力を持って売れているときは、その本の中に、ワクワクして次のページをめくりたくなるような世界が広がっています。タイトル、帯のコピー、装丁、造本、著者プロフィール、構成、文体……それらに一貫した流れとメッセージがあってはじめて、その本を読んでほしい読者に訴求していくんだと思っています。

たとえば『夢をかなえるゾウ』（水野敬也著、飛鳥新社）だって、カバーをクラフト紙にして、前衛的な動物のイラストを入れたらベストセラーになるかっていうと、そうじゃないですよね。あのカバーが絶妙に内容を体現していて、かつ増幅させているから、あの本は独特な存在感を出しているわけです。ダイヤモンド社の加藤貞顕さんが編集された、『もし高校野球の女子マネージャーがドラッカーの「マネジメント」を読んだら』（岩崎夏海著、ダイヤモンド社）もそうですよね。

――世界観は、どうやって作るものなんでしょう？

著者の方がもともと強烈な世界観を持っている場合もあれば、編集者が原稿を整理したり、著者と話し合ったりしながら作っていく場合もあります。後者の場合でも、ゼロから作るというよりは、「見立てる」感覚です。著者とのコミュニケーションや原稿の中から材料を集めて、その本の中で打ち出す世界観を見立てていきます。

コピー力

本の世界に読者を誘うのは、カバー表1

――世界観を見立てるうえで大切にしていることは何ですか？

書籍において、まず読者の目に入るのはカバーですよね。

そこで、その本の世界に読者を誘おうと思ったら、カバー表1（おもて表紙のカ

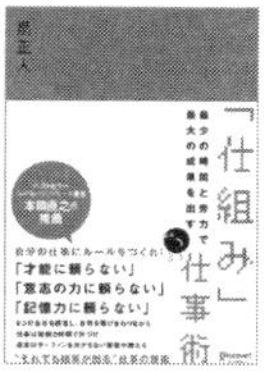

「仕組み」仕事術
泉 正人 著
ディスカヴァー・トゥエンティワン

バー）という限られたスペースに、読者がすっと入り込みたくなるストーリーを提示できるかが、とても大事。って、いきなり職人的な細かい話になってしまいますが……。

——いえいえ。装丁はやっぱり大事なんですね。

そうですね。たとえば自分の担当した本でいうと、『「仕組み」仕事術』。この本は、「仕組み」というメインタイトルのキャッチーさもありましたが、同時に、帯の次のフレーズが効いていたと考えています。

「5つの会社を経営し、世界を飛びまわりながら
仕事は毎朝2時間で片づけ
週末はサーフィンを欠かさない著者が教える
〝それでも結果が出る〟仕事の技術」

「仕組み」という言葉だけでは漠然としたイメージしかわかなかった人でも、このフレーズと、「最少の時間と労力で最大の成果を出す」というサブタイトルから、この本全体のストーリーやレベル感が見えてきませんか？

水はなんにも知らないよ
左巻 健男 著
ディスカヴァー・トゥエンティワン

『水はなんにも知らないよ』は当初、ニセ科学の蔓延に警鐘を鳴らすべく、携書シリーズの創刊ラインナップとして企画した1冊です。この本の帯コピー「まん延するニセ科学にダマされるな!」ですが、ちょうどこの本の編集作業をしているときに、NHKの「視点・論点」という番組で大阪大学の菊池誠先生が「まん延するニセ科学」というタイトルで講義をしていて、それがはてなブックマークを大量に集めていました。菊池先生と本書の著者、左巻先生は、一緒に「ニセ科学フォーラム」を開催するなど、問題意識はとても近い部分があったので、うまくリンクさせることができればということで、帯コピーにそのキーワードを忍び込ませたわけです。こうすることで、この本を読んでほしい層の思考の文脈に結びつけていこうと考えました。どれだけ効果があったかわかりませんが(笑)、そういったディテールの積み重ねを大事にしています。

著者の知名度やベタで説明的な書名に頼らなくても、その本の世界を、読者の方(正確に言えば読者になる前の、書店やネットでいろいろな本を何となく眺めているような方)に届けることができるのが、自分の考える「よくできた装丁」なんです。

分析力　コミュニケーション力

その本が書店に並ぶところまで考える

――カバーや帯にストーリーを作るのですね。

書籍って、買うときに中身を全部読めないじゃないですか。目次と前書きくらいをざっと眺めて、後は全体をぱらぱらめくって雰囲気をつかむ程度で、それ以上の中身は、基本的によくわからないまま買いますよね。そこで、カバーや帯がどんな顔をしているのか、つまりは表1が通りすがりのお客さんにどれだけの世界観を語りかけることができるのかが、すごく重要になってくると思うんです。

――装丁へのこだわりについて教えてください。

装丁は、デザイナーを誰にするかで7割がた決まってくると、勝手に思っています。その本が提示する世界観や読者層にマッチするデザイナーに依頼することは、音楽の話で言えば、バンドのメンバーを選ぶのと同じくらい重要なことで、上手な人を連れてくればいいとか、売れている人に頼めばいいとか、そういうのはちょっと違うと思うわけです。

――装丁の仕事を進めるときのポイントは何でしょう？

本を作っているときって、どうしても、その本だけに集中してしまうんですけど、読み手にしてみれば、その本は、何百冊、何千冊の中の1冊。読者だけじゃなくて、書店さんだってもちろんそう。だから、その本の内容や世界観に合った装丁にすると同時に、「書店の棚に並んだときにどう見えるか」ということを、徹底的に考えます。

ディスカヴァーの場合はカバーも編集部でみんなで考えて、これはイメージと違うとか、新しさがないとか、ここは類書に似ているからもうちょっと変えようとか、みんなで知恵を出し合って、よりベターなものに磨いていきます。

――会社の中で意見交換をしているんですね。書籍編集は、ひとりでおこなうものというイメージでした。

基本的に1冊に対して担当者がひとりつくというのは他社さんと同じですが、小社は、デザイナーの選定や、書名、カバーラフといった事柄は、そのつど編集部の会議で検討するようにしています。

多くの書籍出版社は、企画が決裁された後は、ほとんど担当者ひとりで事を進めるため、どうしても出来にバラツキが出てきます。優秀な編集者は売れる本をどんどん作る一方、そうでない人はなかなかヒットを出せず、結局、編集部全体では増刷率3〜4割に落ちついてしまう。弊社では社を挙げて一点一点の精度を上げることにこだわっているので、増刷率は7割を超えています。

営業に意見を求めることも多いです。ディスカヴァーは小さな会社ですし、「ディスカヴァー」という看板がひとつのブランドだと考えているので、会社の理念や方向性といったことを全スタッフで共有し、大事にしているんです。

インプット力

持ち込み企画からベストセラーが生まれることも

――著者の方はどのように見つけられていますか？

自分で一から企画を練って著者を探すパターンと、人から紹介してもらうパターン、半々くらいがちょうどいいと思っているのですが、最近はやや後者が増えて前者が減っている傾向があるので、これは自分の今の課題ですね。

自分から探すときは、最近はネットで出会うことが多いですね。ツイッターやはてな

「ツイッター」で
ビジネスが変わる！
ジョエル・コム 著
ディスカヴァー・トゥエンティワン

ブックマークの人気エントリーなんかを定期的にチェックして、書籍の可能性がありそうだと思ったら、メールをしてお会いしたりしています。『「ツイッター」でビジネスが変わる！』はそのパターンで、小林啓倫さんの翻訳企画にめぐり合いました。その経緯については本書の訳者あとがきをご覧ください（笑）。

――紹介というのはどういう流れなんですか？

出版エージェント（著者と出版社の仲立ちをする企業・人）からお話をいただくのと、あとは著者からの紹介ですね。「知り合いで本を書きたいっていう人がいるんだけど」といって紹介してくださるんです。ありがたいですね。あとは小社のホームページを見てアプローチしてきてくださる方も少なからずいらっしゃいます。

――企画持ち込みが本になることもありますか？

はい。先ほどの『夢をかなえる人の手帳術』の藤沢さん、『働く理由』の戸田さんも最初はそうでした。『バルタザール・グラシアンの賢人の知恵』のように、翻訳家の方から「この本をぜひ邦訳したい」といってご提案いただくこともけっこうあります。

――今後、ビジネス書とは違う分野もやっていきたいですか？

そうですね。特にジャンルにこだわって仕事をしているわけではなくて、「こんなに面白い視点があるんだよ」「こんな才能のある著者がいるよ」ということを見つけて、世の中に伝えるのが出版の役目だと思っているんです。publishingって、著者のコンテンツをpublicにするってことではないかと。自分の場合、それがたまたまビジネス書である場合が多いだけ。そんなふうに考えています。

編集者でもある社長から学ぶこと

――千葉さんが仕事をしている中で影響を受けた人は？

書籍編集って、1冊1冊がそれぞれプロジェクトですから、1冊ごとに、いろいろな人と関わることができるんです。著者、翻訳者、デザイナー、校正者、印刷所の営業の方、書店員、書評家……。みなさんからそのつど影響を受けています。

編集者としては、何と言っても、社長であり編集者でもある干場から、日々たくさんのことを学んでいます。読者と関わっていく姿勢、企画の立て方、著者との打ち合わせの進め方、原稿のまとめ方、コピーライティング、デザイン力（デザインソフトのイラストレーターを使いこなして、ポスターや装丁までサクッと作っちゃうんです）……本当に、学ぶところだらけです。

ツイッターも、自分は1年くらい前から始めていたのですが、ある日千場が「私もツイッター始めたからいろいろ教えてちょうだい」と言ってきて、簡単なルールを2、3教えたら、あとはあれよあれよと盛り上がり、読者のみなさんや著者候補の方々とどんどんつながっていって……。今では1万数千のフォロワーを持って、いつのまにか雲の上のほうに行ってしまいました（笑）。

同業他社のみなさんからもすごく刺激をもらっています。知り合いの編集者が作った本を書店で見ては、感心したり発奮したりしています。また同僚からのフィードバックにも、いつも励まされています。

前の会社では、2人お世話になった人がいます。

ひとりは、入社当初についた上司Kさんです。最初にひと通りのことをきちんと教えてもらって、「後はいいようにやればいいよ、何かあったらちゃんとフォローはするから」と言って、わりと放置してくれたんです（笑）。自分は、周りからあれこれ言われると面倒くさくなってしまうタイプなので、とてもありがたかったですね。

もうひとりは、中途退職者が増えて職場に元気がなくなった時期に、みんなで頑張って会社をよくしていこうと、社内改革の旗を振っていたOさんです。Oさんは、入社して間もない自分のような若者にも目を配って、本ができるたびに、「この本はこういうところがよかった」、「ここはどういうふうにやったの?」というふうにフィードバックをしてくれました。転職をするときに一番残念がってくれたのもOさんでした。

「結局この本を出して、世の中をどうしたいのか?」

――では、最後に千葉さんが編集者として一番大切にしていることは何ですか?

新しいことにチャレンジしていくことだと思っています。時代の流れが大きく移りかわっているここ数年は特に、それが必要ではないかと感じています。

売れる必勝パターンを作って、それに乗っかってヒットを量産していけばいい、という時代もあったかもしれません。日々の仕事を棚卸しして、そこに必勝パターンを見出すことは意味のあることですが、でもそれだけではダメで、常に企画のひとつひとつについて、どうすれば一番いいかたちで読者の方に届けられるかを考え抜いて、それを実行していくことが必要ではないかと。何だかエラそうなことを言ってますが（笑）。どうしても経験が長くなると、自分の手癖で本を作っちゃうようになってくるんですね。小社の場合、それをやろうとするとすぐに干場に見抜かれて、厳しくフィードバックされてしまいます（笑）。

あと、もうひとつ。本を作っていて迷ったり、行き詰まったりしたときは、「結局この本を出して、世の中をどうしたいのか？」ということに立ち返るようにしています。そこが見えていれば、大きくブレることはないと思うんです。

というわけで、自分がどれだけできているかは別として、そういうことをいつも意識しています。

――どうもありがとうございました。

スゴ編 No.006

ダイヤモンド社

加藤《かとう》 貞顕《さだあき》 さん

		経歴
1973	06	新潟県 生まれ
2000	04	アスキー（現アスキー・メディアワークス）入社
2004	09	「英語耳」
2005	09	ダイヤモンド社 入社
2006	12	「なぜ投資のプロはサルに負けるのか？」
2007	04	「投資信託にだまされるな！」
2007	09	「スタバではグランデを買え！」
2007	12	「マイ・ドリーム ― バラク・オバマ自伝」
2008	10	「陰山手帳」
2009	12	「もし高校野球の女子マネージャーがドラッカーの『マネジメント』を読んだら

愛用グッズ

『陰山手帳』

「これがなかった！」と思うことを盛り込んで自分で作ってしまいました（笑）。

縦形の週間スケジュール、プロジェクト管理ページ、巻末に5ミリ方眼のメモをたくさんつけたところがこだわりです。

お気に入りの iPhone アプリ

『Sleep Cycle alarm clock』
浅い眠りの状態を iPhoneの加速度センサーで感知して分析、一番目覚めのよいときに起こしてくれる優れものです。とても快適に起きられます。

パソコン雑誌からビジネス書籍へ

――編集者になられて何年目ですか?

9年目です。ダイヤモンド社に入る前は、アスキー(現アスキー・メディアワークス)にいました。アスキーでは、エクセル、ワードなどの解説を初・中級者の読者向けに解説するパソコン雑誌を中心にやっていました。

コンピュータのきもち
山形 浩生 著
アスキー

――転職されたきっかけは?

当時、雑誌と並行して単行本も手がけていたのですが、その頃から、1冊1冊につきテーマが変わるという単行本作りの面白さを感じていました。その頃作ったものでは『コンピュータのきもち』のような読みものや、あとはヒット作となった『英語耳』シリーズがあります。このようにもっと広い分野の本作りにもチャレンジしていきたいと思い、ダイヤモンド社に移りました。

――編集者になろうと思われた理由は何ですか?

最初は学者になろうと思って大学院に進みました。でも、僕は熱しやすく冷めやすい性格なので、専門分野について何年も研究し続けるという職業には向かないかもしれない、とあるとき気付きました。大学院に行ってからでは遅いんですが（笑）。あとは自分は何ができるか、としばらく悩みまして、本が好きだから編集者ならなれるかな、と甘いことを考えました。ただし当時は大阪に住んでいたので東京にひんぱんに行くような大変な就職活動はしたくないし、年齢もそれなりにいっている。そこで考えたのが、コンピュータ関連の出版社に行くというアイデアです。

その頃僕は、リナックスという世界中のコンピュータマニアたちが競って作っているフリーのOSにはまっていました。開発者たちが集まるメーリングリストにいくつも入って、いわゆるオタクな活動をしてました。ちょうどその頃アスキーが『Linux Magazine（リナックスマガジン）』という雑誌を立ち上げて、まだ学生でしたが、記事を書く機会をいただきました。それをきっかけにアスキーの新卒採用に応募したという次第です。

そういう流れで、何となく編集者になってしまったのですが、本が好きで、熱しやすく冷めやすいオタク体質の僕にとっては、結果的に向いている職業だったと言えるのかもしれません。

企画力　分析力

挑戦した1冊『英語耳』

——転職のきっかけにもなった『英語耳』について聞かせてください。

先ほど、コンピュータにはまっていたという話をしましたが、その次にのめり込んだのが「英語」でした。当時は、本当にとりつかれたように朝から晩まで勉強していまして、睡眠時間を削るのはもちろんで、歩いてるときもやっていました。だから必然的に、あと勉強できるのは会社にいる時間だけだ！　となりまして、ならばそれを仕事にすればいいと考えました。我ながらどうかしてますが（笑）。

語学というジャンル自体、当時のアスキーではあまりやっていない分野だったので、会社を説得して企画を通すのはけっこう苦労しました。だから何としてでも成功させないといけないと思い、最低でも10万部は売ろうと目標を設定して進めていきました。

——目標達成のためにどういった対策をとりましたか？

まず、内容には自信がありました。元ネタは著者の松澤喜好先生がウェブサイトに書

英語耳
松澤 喜好 著
アスキー

かれていた話なのですが、そのやり方で勉強したら僕自身の英語のリスニング力が数カ月で一気にあがりました。3カ月程度の学習で、TOEICで855点を取れたんです。自分自身すごくびっくりしました。しかも誰にでも再現可能な方法なので、本にすれば売れるだろうと思いました。

そこで、あとはタイトルやデザインで差別化だなと思いました。今はだいぶ変わりましたが、当時の英語学習書の棚はけっこう地味なコーナーでした。デザインとかタイトルが、今よりもずっとおとなしいものが多かったと思います。門外漢の僕には、その頃の英語本は、英語の専門出版社が英語のマニア向けに作った本と、ものすごい初心者向けに作った本の2種類しかないように見えました。同時に、もっと普通の人だってこのジャンルの本を読みたいはずだと思ったのです。

そこで、カッコよく、かわいく、オシャレな、要するに雰囲気のいいものを作れば売り場で目立つだろうなと考えました。デザイナーさんがすごくいいものを出してくれたので、それがまさにうまくいったと思います。当時、一般書を扱う出版社が同じようなスタンスで英語学習書に参入しはじめたのですが、運よく『英語耳』は売れてくれました。最初の10万部という目標を大きく上回り、1年目で20万部を突破し、今では35万部を超えています。宣伝や営業のみなさんにも、コンピュータ書以外の本なのにすごくよくしてもらいました。

企画力

趣味から企画を立てる

僕がワイナリーをつくった理由
落 希一郎 著
ダイヤモンド社

――ご自身で深く「はまった」経験から本を作られたとのことですが、他にも何かありますか？

ここ最近で一番はまったのは「ワイン」です。もともとの発端は『僕がワイナリーをつくった理由』という本なのですが、そのための勉強ということで２００８年は死ぬほどワインを飲みました。

1年間、相当の時間とお金をついやして、結論として得たのは「ワインはそれぞれのよさがある」というアホみたいな知識でして、我ながらびっくりしました（笑）。でも本当に、安いワインも高級ワインも、それぞれおいしいんですよね。

マイ・ドリーム
バラク・オバマ 著
ダイヤモンド社

その少し前は「オバマ」でした。『マイ・ドリーム』というオバマの自伝をダイヤモンド社から出版しているのですが、これはYouTubeで見た２００４年の民主党大会の演説がきっかけです。一見して、すごく心に訴えるものを感じ、何よりも純粋にカッコいいな、と強く思いました。

そこで、彼について調べてみると、彼の生い立ちには現代の世界の人々が抱えているストーリーが全部入っていることがわかりました。人種、宗教、アイデンティティについての悩み、離婚、途上国、先進国、田舎、都市、進学、ＮＰＯ……。こういう、現在の世界に共通するものが全部含まれていて、しかも演説もうまくてハンサムです。時代を象徴しているので、もしかすると「くる」かもしれないと思いました。

そんなとき、この翻訳権が売りに出されました。すごく高額だったのですが、上司にも相談してオファーを出させてもらいました。

その後は、本当に運よく、びっくりするほどうまくいきました。オバマの当選後は、弊社から出ている別のオバマ本の担当者と一緒に、高円寺の火鍋屋で祝杯をあげました。

企画力　分析力　インプット力　楽しみ力

1%の法則

——仕事をするうえで気をつけていることは何ですか？

マーケティング的に考えているのは「1%の法則」というものです。これは僕が自分で考えた、あまり根拠のない仮説なのですが、経験的にけっこううまくいっています。

どういう仮説かというと、「本の部数はその本がターゲットとする潜在顧客数の1%が最大」というものです。仮に、日本の全人口を1億人とすると、全員をターゲットにできる本なら、最高にうまくいくと100万部売れると考えます。具体的なテーマでいうと、親子の物語、青春もの、恋愛ものなどがそうです。たとえばリリー・フランキーさんの『東京タワー』（扶桑社）なんかがわかりやすい例です。あれは年齢も性別も関係なく売れた本だと思います。逆にいうと、そうでないと100万部には届かない。

たとえば『英語耳』を作るときは、こう考えました。日本の全人口で英語に興味がある人は4000万人くらいいるのではないか。その中でもリスニングに興味がある人は半分の2000万人くらいはいるだろう。その1%となると20万部。少なくとも、その半分の10万人が買ってくれる本を作ることができるのではないか。では、そのためにはどうしたらいいか？　……といった感じです。

もちろん、内容についてはまた別にいろいろとあるのですが、マーケティング的な数字の出発点はこうでした。本当にざっくりでもいいので、具体的な数字を出すことでターゲットが見えてきます。ターゲットが見えてくれば、デザインや文体、文字の大きさ、難易度などが自動的にいろいろ決まってきます。やるべきことがわかるのが最大のメリットだと思います。

——毎回一貫して「1%の法則」に当てはめるのですか？

そうですね。僕がよくやるのは、自分がすごく好きなことに「1%の法則」を当てはめてみるということです。自分の興味を、世間が必要としていることや、これから広まるであろうことにクロスさせられないかな、と考えてみるんです。これがうまくできると、そのときに好きなことを仕事としてできるので、それはやっぱり力を発揮しやすいですよね。

もちろん、自分が好きなことばかりをやれるわけではないですよ。やはり相応のお客さまがいる市場であることを最優先で考えています。

たとえばですが、自分がミジンコについて興味があったとします。となると、ミジンコの本が出せたら楽しいな、と思いますよね。そういうときに「1%の法則」を使います。たぶんミジンコの本を買いたいと思うほど強い興味がある人は1000人に1人くらい、つまり日本全体では最大で10万人くらいではないでしょうか。「1%の法則」で、最高にうまくいって潜在顧客数の1%と考えると、最大部数は1000部です。

これでは採算が合わないので、出版は難しいです。それでも出したければ、違う切り口を考えたり、学術書にして定価をあげたりなどの工夫が必要でしょう。

本を作るうえで、売れるものでも売れないものでも1冊を作る大変さはそんなに変わりません。どうせ作るからにはできるだけ売りたいですから、僕は潜在顧客数が1000万人以上、つまり10万部が狙える企画をなるべく出すようにしています。

——その他に企画を立てるときのコツはありますか?

あとは日頃の読書から企画を立てることもあります。僕は経費と自腹を合わせると、月に10万円分くらい本を買います。特に何かにはまったときは、さらにそれが増えて、関連本をほとんど全部買って読んで、ネットでも調べて、マニアの集まる会合に出たり

みんなの投資
藤田 郁雄 著
ダイヤモンド社

します。そうやって調べていくと、「こういう本、読みたいけどないな」とか「これが知りたいのにどこにも出ていない」ということが見えてきます。

『投資信託にだまされるな！』や『みんなの投資』を作ったときもそうでした。投資信託にはまったときに、それに関するあらゆる情報を読みあさっていました。すると、書店で売っている投資信託関連本は、業界関係者によって書かれた販促ツールで、普通の読者に有用な情報ではないと気付いたのです。当時、投資信託の有益な情報はネットにしか出ていませんでした。それならば、本を通じて、本当に読者が必要としている情報を届けることができるのではないか、と思いました。

このとき考えたのは、20代・30代から１０００万人くらい、50代・60代から１０００万人くらいをターゲットにできないかということです。合計２０００万人なので、うまくやれば20万部くらいの本にできる可能性があります。年配の方も潜在顧客に含まれるので、やさしくわかりやすい表現、そしてポジティブな雰囲気を重視して本を作りました。

分析力　コピー力

ヒット作『投資信託にだまされるな!』

投資信託に
だまされるな!
金融機関の
おすすめ投信は…

投資信託にだまされるな!
竹川 美奈子 著
ダイヤモンド社

——『投資信託にだまされるな!』についてもう少し聞かせてください。

『投資信託にだまされるな!』も最初は趣味から入ったのですが、いろいろと調べているうちに日本の投資信託の現状を知るようになるわけです。そのうち、当時の日本の投資信託の市場は、かなりひどい状況であるという結論に行き着きました。

２００４年頃は３０００本くらいの投資信託が販売されていましたが、著者と一緒に調べてみると、おすすめできる商品は10本くらいしかありませんでした。それ以外の商品の投資内容は、手数料を考えるとどう考えてもおすすめできるものではなく、銀行や証券会社がもうけるためのものだという結論になりました。これをうまく一般の投資家の方に伝えることはできないか、と思ったわけです。

——では、ジャーナリスティックな路線の本ですか?

そうはしなかったんです。問題を指摘して批判するのはジャーナリストの役割だと思いますし、そういう本を作ったとしても、たいして売れないだろうと思いました。

日常生活で考えるとわかりやすいのですが、怒ったり文句ばかり言っている人が周りにいたら、たとえ言っていることが正しくても、ちょっと敬遠してしまいませんか。やっぱり、やさしく、楽しく、前向きな人と付き合いたいですよね？　本も一緒で、やはり前向きな内容で、かつ面白くする必要があると思うのです。


そこでどうしたかというと、まずデザインをやわらかくしました。たとえば、普通「〜してはいけない」というようなタイトル文字は、警告の意味も含めて赤などの強い色にすることが多いんです。だけどこの本では、厳しいことを言いつつも温かみを持たせたかったので、暖色系の色でまとめることでバランスをとりました。

タイトルは厳しめですが、サブタイトルには『正しい投資信託の使い方』とやさしく中身を説明する言葉をつけて、具体的な対処法があることも示しています。

——「1％の法則」に当てはめるとどうでしょうか？

投資信託を買う人には傾向があります。まず定年以降の方、それと結婚して家族ができて、将来のことを気にしはじめている30代です。前述のように、それぞれ1０００万人ずつ、合計2000万人をターゲットとして考えました。

この場合、ターゲットにお年寄りも入っているので、読みやすいように本文の文字の大きさは14級（3・5ミリメートル）にします。小さなキャプションでも10級（2・5ミリメートル）以上にします。投資に詳しくない人も対象なので、表現や説明のトーンも、やわらかく、わかりやすいものにしました。

内容についても、面白くするための工夫をしています。まず、知識の部分は問題形式にしています。パズルを解くような感覚で読んでもらうためです。この問題はなかなか凝っていて、実際の商品の広告やパンフレットを大量に集めて、それらの最大公約数をまとめて「よくない商品」の見本広告を作りました。この広告を見せつつ、どうしてよくないのかを説明しました。そして本の後半では、それではどうしたらいいか、という具体策も解説しています。

その結果、『投資信託にだまされるな！』は20万部を達成しました。そしてうれしいことに、日本の投信にまつわる環境も少しずつ改善されてきています。

――読者からの反響はいかがでしたか？

ありがたいことに感謝の言葉もたくさんいただきました。こういう情報は新聞やテレビにはほとんど取り上げられることはないので、この本を通じて、読者にとって本当に必要な情報を届けることができたら、これほどうれしいことはありません。

インプット力　コミュニケーション力

「わかりやすい」、「傷つけない」表現

――編集者にとって大切なことは何ですか？

それは「表現」に気を付けることだと思います。わかりやすさもそうですし、あとは人を傷つけないようにということも大事です。たとえば、コンピュータ書をコンピュータに詳しい人が書くと、どうしても文章が上から目線な雰囲気になりがちです。そうすると読み手は、情報は得たとしても、同時に少しだけ嫌な気持ちになったりします。

最初に入ったアスキーの上司が表現にとても気を使う方で、原稿を本当にたくさん直されました。

現在でも原稿を読むときは、本当にひと言レベルでそこを気にするようにしています。「これはわかりにくい」「これは誰かが傷つく」「もっとポジティブな言い方はないか」などと考えます。これはマス・コミュニケーションに携わる際の、必要条件のひとつですよね。

——それを身につけるためにはどうしたらいいでしょうか？

やっぱり、本はたくさん読んでおいたほうがいいでしょう。あと、すごく好きな分野や、得意な分野があるといいですね。その分野と自分が勤める会社の進みたい方向とが一致すれば、仕事もやりやすくなります。

さらに欲を言えば、新人の頃に雑誌作りの経験ができるといいと思います。たとえば月刊誌なら、毎月企画を立てるところから始まり、社内の会議を経て、デザイナーさん、イラストレーターさん、カメラマンさんに発注をして、進行管理をして、入校、校正をして本が出て、反響も毎月見られます。仮に1カ月に3つの企画を受け持つとすると、1年に36回の成功や失敗を体験できるのです。

1年だけでなく数年くらいやれると、さらにいいですね。なぜなら、どの雑誌でも年間のサイクルというものがあります。

たとえば、春に新生活を迎える人をターゲットにした企画、夏は夏休み向けの企画、秋にはグルメ……と季節ごとに似たような企画を回していくことになります。けれど、毎年同じ企画を使い回すことはできません。

そうやっていくうちに、同じトピックを違った切り口で扱う方法が身についていきます。また、雑誌編集は見出しを本当にたくさん立てなくてはいけないので、コピー力を鍛えるいい訓練にもなりますね。

今僕は書籍を担当していますが、書籍の場合は担当編集者がその本の編集長のようなものです。自分で一から作り上げるというとき、振り返ってみると、雑誌での経験が基礎となって、今の書籍作りを大きく支えていることに気付きます。最初に雑誌を経験しておいて本当によかったと思いますね。

コピー力　インプット力

意外性のあるタイトル・デザイン

——本を作るうえでのこだわりはありますか？

なぜ投資のプロはサルに負けるのか？
藤沢 数希 著
ダイヤモンド社

タイトルとデザインはけっこう力を入れています。特に重視しているのは、他との差別化ですね。率直に言って、本のデザインは真似のし合いが多いのでそれは避けるようにしています。たとえばロバート・キヨサキ著の『金持ち父さん貧乏父さん』（筑摩書房）という大ベストセラーがあります。それ以降のお金の本は、あれと似たクリーム色や白のやわらかな表紙の本が増えました。もちろん、お金の本のターゲットは年配の人が多いので、やさしめのデザインが多くなるのは必然的な流れでもあるのですが、やっぱりそれでは面白くない。

ですから『なぜ投資のプロはサルに負けるのか？』という本を作るときは、内容に少しブラックなネタが入っていたこともあって、王道の白いやわらかなイメージの逆を行こうと思いました。カバーの色を、黒を基調にしてみたんです。

それだけだとダークな雰囲気になるので、デザインは格調のあるものにします。キッ

スタバでは
グランデを買え!
吉本佳生
「値段」から
社会のしくみが
見えてくる!

スタバではグランデを買え！
吉本 佳生 著
ダイヤモンド社

い感じにならないように、タイトルに遊びのニュアンスを入れて、しかも文字を箔押しにして、「ムダに豪華」という演出にして和らげました。

あとは『スタバではグランデを買え！』というタイトルも、うまく意外性が出せたと思います。普通、スターバックスでは、グランデという大きいサイズを注文する人はあまりいないので、「常識の逆」を言っていて目を引くことができます。もちろん、それだけではただの不親切になるので、どういった本なのかをきちんと「価格と生活の経済学」というサブタイトルで説明しています。意外性と本筋の説明がカバーの中に収められていることがポイントですね。

デザインもわかりやすく、クールで面白みのあるものに、という狙いがうまく表現できていると思います。そこは本当にデザイナーさんに感謝してもしきれません。

タイトルは、毎回、四苦八苦していますね。もう本当に悩み抜いて悩み抜いて決めている場合が多いです。だいたい１冊につき、最低でも１００個は考えるようにしています。以前はその数倍は考えていたのですが、最近根性がなくなってきました。

企画力

企画を意識して行動する

——著者の方はどうやって見つけているのですか？

いろいろありますが、僕は先に企画を考えていることが多いです。本を読んだり趣味だったり、日常生活の延長で、こんなことができないかなという「企画の芽」をたくさん抱えています。そのうえでいろいろな人に会っていると、あなたがこれを書けばいいのではないか、という人と自然にめぐり会います。オカルトっぽい話になってますが（笑）、必然的な話なんですよ。

たとえば、ある企画を考えていると、その情報収集のためにいろいろな場所に出向くことになります。すると、そこには似たものに興味を持つ人が必ずいて、出会いがあるんです。本をたくさん読んだり、ブログなどの関連情報を見ていてその企画に適した著者が見つかることも、もちろんあります。

ちょっと変わった本ですが、鉄道の発車メロディの楽譜集の『鉄のバイエル』はYouTubeでヒットした動画が元ネタになっています。当時、著者は普通の学生さんだったのですが、何度か増刷もして、最近の楽譜ランキングではけっこうな売れ行きの商品になりました。

——『鉄のバイエル』は、どこかなつかしいデザインですね。

そうですね。デザインにもこだわりました。この表紙の文字の色は、ＪＲの中央線、山手線、京浜東北線、埼京線、総武線のそれぞれの路線の色を組み合わせてあります。ページの下には、電車のパラパラマンガもついています。写真もネットで有名なブロガーの平民金子さんに依頼しました。

他にもいろいろな工夫があって、書店に置くときに、この本のような横長の判型の楽譜集だと、売り場の人が困ってしまいますよね。だから箱入りにして、縦向きに置けるようにしました。帯は箱に巻きづらいので、代わりにはがせるシールを貼りました。

どれも聴いたことがあるメロディなので弾きやすいし、全１０１曲、曲ごとに難易度順に並んでいるので、最初は簡単なものから弾いてもらえるようになっています。鉄道マニアの方はもちろん、学校の先生がこれをピアノで弾いてあげると子供が喜ぶからと買われていったり、宴会で芸を披露するために買われる方もいるみたいです。全曲に著作権者がいて版権をとるのが大変でしたが、いつもやっているビジネス書とは違っていて新鮮でした。

鉄のバイエル
松澤 健 著
ダイヤモンド社

楽しみ力

ベストを尽くして運を待つ！

――ベストセラーに共通して言えることがあるとすれば何でしょうか？

うーん、最後は運じゃないですかね。ベストセラーは運次第、なんて言うとひんしゅくを買いそうですが、５万部の本と10万部の本はほとんど何も変わらなくて、５万部売れる本は運がよければ10万部売れると思います。

『英語耳』も最初の１カ月くらいはそこそこの売れ行きでしたが、ある日「王様のブランチ」（ＴＢＳ系列）で取り上げられたんです。本の紹介のコーナーでちょうど英語本がテーマになっていて、紀伊國屋書店の新宿南店の売り場が取材されたんです。そこで、ちょうどそのとき『英語耳』の売り上げランキングが２位で、そのことをレポーターの方が大きく紹介してくれたんですよね。それから、一気に売れはじめました。

――どこからヒットがやって来るかわからないですね。

そういうことは、絶対に予測できないですよね。『投資信託にだまされるな！』も、ブログや新聞の書評に大きく紹介していただいて、そこから売り上げがグンと伸びました。そういったところで紹介されると、連動しているかのように別の書評にも出たりして、一気に売り上げ部数が増えました。

誤解されると困るのですが、「全部運」ではなくて「最後は運」ということです。ですから、それまでの過程ではみんなで努力をするしかないと思います。営業のみなさんが頑張ってくれて、書店さんにも気に入ってもらって、読者のみなさんにも受けて、それでランキングがあがって、書評やテレビに掲載されたわけですから。だから運というのは、本当に最後の最後の部分だと思います。これぱかりは本当にコントロールできないので、なんとも歯がゆいものがありますよね。

だから僕ら編集者ができるのは、なるべく運をつかめるようにがんばることだけですね。またオカルトみたいになってますが（笑）、そうではなくて、タイトルや、デザイン、その本の需要があるか、などをよく考えて作るという普通の話です。それしかないと思います。

――では最後に、加藤さんが仕事で一番気を付けていることは何ですか？

口に出して言うとアホみたいなんですが、なるべく楽しく仕事をして、なるべく大きな成果を出して、そしてできれば世の中をよくできたらな、と思っています。この３つは、いつも同時に満たそうと思ってやっています。

儲かりそうでも世の中に貢献できなさそうな企画は見送りますし、自分が楽しそうでも成果が出そうにない企画はやりません。どんなに小さなことでも社会にプラスを生み出して、会社に利益も生んで、そして自分も楽しい。なるべく、そんなふうにできるように考えています。世の中に役立つと言ってもそんなにおおげさなことではなくて、誰かの気持ちを一瞬でも明るくする、くらいで十分なんですけどね。

本を作るのは、けっこう面倒で大変なんですが、そういうふうに多くの人の人生に少しずつ関わることができるのが面白いところだと思います。

――どうもありがとうございました。

スゴ編 No.007

タコスタジオ
岡部《おかべ》 敬史《たかし》 さん

		経歴
1972	5	京都府 生まれ
1995	4	(株) 宝島社 入社
1997	5	『別冊宝島 麻雀いっぱつ読本』
1999	1	『別冊宝島 雑誌のウラ側すべて見せます!』
1999	10	『別冊宝島 よみがえる幕末伝説』
2000	8	(株) 宝島社 退社
2001	4	(有) タコスタジオ 設立
2003	5	『別冊宝島 僕たちの好きな三国志』
2008	3	『日本の「食」は安すぎる』
2009	9	『赤ちゃんを爆笑させる方法』

休日の過ごし方	好きなサッカーチーム
子どもと遊ぶ	FC東京

予算管理も経験し、ビジネスとしての出版を学んだ新人時代

——編集者になられてから何年目ですか？

15年目になりますね。最初に勤めた宝島社で6年。退社して事務所を作りましたが、それから9年です。

——そもそも編集者になろうと思われたきっかけは何だったのでしょうか。

本が好きで、文章を書くことも好きだった。だから本を作る仕事をしてみたかった。ありきたりですが、これが理由でしょうか。

——宝島社を志望された理由は？

大学生のときに『別冊宝島』を愛読していたからですね。当時の『別冊宝島』は、政治からギャンブルまで幅広い題材を深く掘り下げていて、とても面白かった。もともと特定のジャンルを志向するって感じではなかったので、僕にとってとても魅力的でした。

――新人時代の思い出深いエピソードはありますか？

いろいろありますが、僕が入社した1995年という年のことは、よく覚えています。この年は、阪神・淡路大震災が起こった後、オウム真理教の一連の騒動があって、大変な年でした。それで、配属の前『宝島30』という雑誌で見習いをしていたのですが、「取材に行こう」って初めて連れて行ってもらったのが、当時、青山にあったオウム真理教の本部で、驚きましたね。田舎の友人たちからも「テロは大丈夫か？　生きているか？」とよく心配されたりしたことを覚えています（笑）。

――『別冊宝島』での編集はどうでしたか？

やりがいがありましたよ。麻雀とか三国志とか料理とか、自分が関心のあるテーマについて掘り下げていけますからね。やっぱり自分が興味のあるものを形にできるのって楽しかったです。

ただ、ハードでしたね（笑）。『別冊宝島』は、基本的に担当ひとりで作っていました。デスク担当という進行を見てくれる人は付きますが、企画から原稿依頼、編集作業にいたるまでほぼひとりの作業。1冊本が出ると熱を出すくらいでしたが、おかげですごく力をつけさせてもらったと思います。

――成長に結びついた一番のポイントは何ですか？

いろいろありますが、予算管理をしたことは大きいように思います。『別冊宝島』は、担当がライターやカメラマンのギャランティの計算はもちろん、本が出た後の売り上げなども把握していくんですが、こういったお金の流れを若いときからしっかりと認識していくことで、ビジネスとしての出版が理解できるし、仕事という意識が高まりましたよね。本を作るというのは、個人の嗜好の部分が強いだけに、こういった仕事意識を持つというのは大事なことのように思います。

予想外な記事ほど、魅力的

――本を作るうえでの、コツのようなものはありましたか？

これもいろいろありますが、最初に決めたことにとらわれすぎないってことでしょうか。当然、企画書はしっかりとしたものを作りますが、それと違った原稿や意見を大切にしていました。最初、思いもしなかったことにこそ、面白みが凝縮されているってことはよくありますからね。ま、これは僕の考えというより、当時の『別冊宝島』が持っていた考え方だと思いますが。

企画力　インプット力

テーマが見えるブログが面白い

――その後独立されて、『このブログがすごい！』『スゴブロ』を作られるなど、ブログ関連の仕事をされていますが、そのきっかけは何だったのでしょうか。

ブログが流行りはじめた２００４年頃、日々ブログを見ていて、コンテンツの内容をきちんと評価するような媒体があれば面白いだろうなって思ったことですかね。それまでもアクセス数で順位付けをしたものもありましたが、何か僕が思う「面白いもの」と違うように感じたので。

――ブログを評価される基準は何でしょうか？

一番大切だと考えているのは、自身の体験を伝えているかってことですね。ジャンルは何でもいいのですが、自分の考え、感じたこと、意見をしっかり述べているものは面

赤ちゃんを爆笑させる方法
岡部 敬史・平井 寿信 著
学習研究社

日本の「食」は安すぎる
山本 謙治 著
講談社

白い。デザインとかネタがメジャーでなくてもいいんです。自分の世界がしっかりあれば。

――自分の世界を発信している人が著者になるケースも多いようですね。

多いですよね。料理や、ペット、イラストなどといったメジャーなジャンルだけでなく、あらゆるものが本になっていますね。

――岡部さんも、ブログが縁となった本を作られているとか？

２００８年に『日本の「食」は安すぎる』（講談社）という本を企画・編集しました。この本の著者である山本謙治さんは、もともとブログで発信されていたんですが、そのメッセージがとても興味深く、出版のオファーをさせてもらいました。

２００９年９月に『赤ちゃんを爆笑させる方法』（学習研究社）という、子育てに関する本を出版しましたが、この本のイラストと漫画を担当してくださったのも『言戯』というブログを描いておられる方です。

――そういった人とつながれるのがブログの魅力ですね。

昔は、新たな著者を探すのが大変でした。それこそ、すでに本を出している人に依頼するとか、新聞記事を頼りにするとか、持ち込みしてくれた人にお願いするなど、手段が限られていた。それが、ブログの出現によって、まだ「著者」にはなっていない原石とつながる手だてが増えたわけで、これは編集者にとってはとても意義深いツールだと思います。それゆえ、僕もブログというものに注目して、関連本など作っているわけですが。

コミュニケーション力　楽しみ力

積極的に自分の情報を発信する

――どんな人と仕事がしたいですか？

楽しくしている人と一緒に仕事がしたいですね。本は人との出会いなしでは作れないと思います。そして編集者の原動力とはまさしく求心力で、その人と会いたいと思うことからすべては始まります。たまたま電話をしたときに、「最近どう？」って聞いて「忙しくて……」と疲れた声で言っている人とは誰も会いたくないですよね。そういう人ではなくて、楽しそうにしている人に会いたいじゃないですか。

だから僕自身も人に会いたいと思ってもらえるように行動することを心がけています。「忙しい？」「ほどほどです。今度飲みましょうよ！」って言えるような身軽さや、楽しもうとする姿勢がすごく大事だと思っています。

――「楽しい」とアピールする？

ただ、「楽しくしてる？」って聞いてくれる人なんて滅多にいませんよね（笑）。だからブログなんかのツールはとても便利です。こういう本を読んだ、こういう人に会った、こんなことをした、と書くことで、押しつけがましくなく発信できますよね。それで、それを読んだ人が実際に会ったときに「こないだ○○という本のことを書いてましたね」と話が膨らんでいって企画になったりするんです。

「何が面白いか」を考えるのが編集者の醍醐味

――今、本を作るうえで、大切にしていることは何ですか？

自分の言葉で綴ることや、自分の考えをしっかり明示することですかね。今、ネットやフリーペーパーの隆盛で、情報がどんどん無価値の方向に行ってますよね。だから書籍に求められるのは、そこでしか読めない意見だと思っています。

あとは、客観視することですかね。自分の意見や考えは大事だけど、それが商品になっていないことには、仕方ない。Aということを言いたい場合、それをどうすれば買ってもらえる商品にできるか。そういったちょっと離れた場所からの思考も、大事にしています。

――ブログでもそうですが、自分の意見にこだわりがあるようですね。

そうですね、そこが面白さの源泉のような気がしているんですよ。たとえば、ブログなんかでも、聞いたことをそのまま受け売りで書いているような人より、少々拙《つたな》くても自分の生活に照らし合わせた私見を書いている人のほうが絶対に面白いですから。

――岡部さんが、個人の意見にこだわりを持つのは、今の出版界がそういう状況ではないからですか？

ま、あくまで僕の感じるところですが、企画をデータ主導で作りすぎているようには思います。「これが面白いんだよ！」とか「楽しいよ！」って情熱よりも「こうすれば売れる」とか「この著者なら売れる」ってことが、第一義すぎるような……。もちろん出版もビジネスですから、そういった売れるための戦略を立てることは重要ですが、あまりに各社の企画が横並びすぎってのは感じますね。

――データ主義が原因だと？

データも使い方だと思うんですよ。上手に使っているところもありますからね。ただ、データに支配されすぎて、編集者の大切な企画力とかそういった部分が弱くなっているように思います。逆に売れるための方法論ばかりに聡い人が多いような……。

――売れるための方法論？

売れている本のデータと、売れっ子の著者やデザイナー。そういったデータから見えるものばかりをつなげていけば、何となく売れる本が作れてしまう。もちろん、そういったことも大切だけど、そればっかりじゃツマラナイ。それにそういった方法論に従えば瞬間的に売れる本は作れるけれど、それは新たな人材を発掘したり、新しい価値観を提案できるってことは別問題だと思います。

「編集者」というのは、情報と人、人と人とをつなげて新しいものを作る人だと思うんです。そのためには「何が面白いか」を考えることは必要不可欠だし、そこが編集者という仕事の醍醐味ではないでしょうか。だから若い人には、外からのデータだけではなく、自分の問題意識や興味といった内側から本を作ろうという気持ちを持ち続けてほしいですね。

届けたいメッセージを売れるようにするのがプロの技

――でもかならずしも自分の問題意識や興味が売れるものになるとは限りませんよね。

そうですね。自分の問題意識や興味から企画を立てても、上司に見せたら「こんなの売れないからダメだ」と最初は言われてしまうかもしれません。でも、そういう企画をどんどん自分の中でストックすることはとても大切だと思いますよ。売れる売れないというのは、時代と密接にリンクしているから「今はダメでもいつか」って気持ちを抱いておけばいいんです。ひとつの企画は大切にするべきだけど、あまりこだわりすぎてもいけない。そこはバランスです。

会社で働く以上、自分の意思だけでは本を作れないし、決まった本数と売り上げも出さないといけない。だから、売ることに徹してある程度は結果を出していく。そうしたら、監視の目もゆるくなって、3冊に1冊ぐらいは自分が楽しんで作れる本が出せるようになるのではないでしょうか。とにかく、最初は自分の企画が通らなくても、折れずに面白いものを作ろうという気持ちを持ち続けることが大切かと。

そして、編集者としての経験値をあげていけば、企画はネタも大切だけど、それ以上に「いかに作るのか」ってのが大事ってことがわかってきます。極論すれば、売れないテーマはなくて、すべてやり方次第なんですよ。

インプット力

編集者のための必読書

――岡部さんには本を持ってきていただきました。

はい。特に新人の編集者が読むといいかなって思う本を3冊紹介します。

不良のための読書術
永江 朗 著
筑摩書房

『不良のための読書術』（筑摩書房）は、僕が新人の頃に読んで、とてもためになった本ですね。著者の永江朗さんは出版業界に精通された方ですが、これを読むと、書店、出版社、取次という業界全体がわかりやすく見渡せます。

たとえば１５００円の本を作ることによって、出版社がいくらもうかるか、などのお金に関することも書かれています。その他、「再販制」などの流通のこと、図書館や古本屋の使い方から、本棚の整理術にオススメの書店情報なども紹介しています。「本は見つけたときに買っておけ」といった、今でも何となく大切している指針もこの本から学んだように記憶していますね。

このように編集者にとって役立つ視点がいっぱい書いてあって、業界についてわかりやすく理解するにはもってこいの1冊です。あと、タイトルにもありますが、読書術の

現代用語表記辞典
関根 文之助 編
小学館

タテ組 本文のデザイン
ピエ・ブックス

部分も面白いです。「本は最後まで読まなくてもいいヨ」といったメッセージは、僕にとってとても有益でした。

『現代用語表記辞典』（小学館）は、新人時代から使っている1冊です。たとえば、「はかる」という漢字は「測る」「図る」「計る」など何種類も存在しますが、どのようなケースでどの漢字を使うのか迷ったときに使う辞典ですね。編集者は、当然のことながら言葉に敏感でなくてはいけません。だから、こういった辞典で調べる癖をつけることをオススメします。

『タテ組 本文のデザイン』（ピエ・ブックス）は、実際の誌面レイアウトがいろいろ紹介されている本です。新人の編集者が悩むことのひとつに「ラフを描く」ってのがありますね。紙面の構成要素をデザイナーに伝えるわけですが、これは自分の中にいろいろな引き出しがあると、圧倒的に作業が楽になる。要するに、いいものを真似ることから始めればいいんですが、新人は、その蓄積が少ないので、こういった本があると役に立つと思います。

本当ならたくさん雑誌や本を読んで、その中で自分がいいと思ったものをスクラップしていくのが一番いいのですけどね。ちなみに、こういったタイプの本はヴィレッジヴァンガードあたりに行くと、タテ組用、ヨコ組用、書籍用と種類も豊富に置いてありますよ。

企画力

編集者とは出会いである

——これから取り組みたいテーマなどはありますか?

いろいろありますが、たとえば「郷土愛」とか。日本のよさって、地域ごとの文化の多様性だと思うんですよね。それで、その地域の文化を愛することって、いいなぁと思っていて。そんな部分をうまく引き出して本にしたいと思っています。

——「郷土愛」といっても幅広いと思いますが、具体的にはどういった本を考えていますか?

ひとつの方法論としては「地域の偉人」などを考えています。日本の偉人といえば、漠然と織田信長とか坂本竜馬とかって名前が挙がりますが「日本」という括りが大きすぎて、いまひとつピンとこない。でも、これが山形の偉人とか広島の偉人といった具合にピントを絞っていくと、けっこう面白いんです。僕は歴史の本をずっと作ってきたので、こういったアプローチはいいかなぁと思っています。グローバルな世の中だからこそ、もっと身近なところや地元を楽しむ方向性に行きたいですかね。あと、僕は京都出身なので「京都」をテーマにした本も作りたいですね。

――では、最後に編集者にとって大切なことは何だと思いますか?

出会いでしょうかね。人に出会うことが出発点で、本を作ることの醍醐味も出会いだと思ってます。そして、最後には自分の本と出会えますからね。編集者にとって出会いは大切かと。

――どうもありがとうございました。

スゴ編 No.008

PHP研究所
横田《よこた》 紀彦《のりひこ》 さん

		経歴
1969	4	愛知県名古屋市生まれ
1993	4	株式会社PHP研究所に入社
〃	7	月刊誌『Voice』編集部に配属
2003	3	新書出版部に異動
2006	9	坂東眞理子著『女性の品格』(PHP新書)
2009	9	茂木健一郎著『あなたにもわかる相対性理論』(PHPサイエンス・ワールド新書)
〃	12	寺島実郎著『世界を知る力』(PHP新書)

愛用グッズ

付箋

行単位でつけることのできる細い付箋を使っています。糊の部分が透明なので、文字にかからないですし、最近は色の部分も透明に改良されているようです。

座右の書

ヘーゲル著『大論理学』

ヘーゲルの主著は『精神現象学』ではなくて、この本です。世界の構造を知るための一冊です。

世の中の流れを追求する仕事

――編集者になろうと思われたきっかけは何ですか？

私が大学生の頃は、ちょうど天安門事件、ベルリンの壁崩壊、湾岸戦争が起こって、世界が激変していく渦中でした。社会問題に関心を持っていて、授業にはろくに出ず、いろいろなボランティアに顔を出しているような学生でした。昔でいう活動家ですが、ほとんど仲よしサークルのようなものでしたね。もちろんやっている本人は真剣そのものだったんですけど。だけどやはり先が見えなくなって、就職活動の時期になると、まっとうな仕事に就こうと考えるようになりました。まだバブルの余韻が残っていて、学生にとっては売り手市場でしたし、世の中の仕組みを知るのにいい機会なので、金融、商社、メーカー、マスコミと幅広く何でも受けました。つまり、もともと編集者志望ではなくて、出版社は数ある候補のひとつだったのです。実は今でも自分が編集の仕事に向いているかどうかはわかりません。

――PHP研究所を選んだ決め手は何だったのでしょうか？

結局、世の中のことを考えることから離れられなかったんでしょうね。この会社は出版社の中では少し特殊で、研究所という名が付いているように、シンクタンク部門もありましたから。学生時代は研究という仕事にも興味を持っていました。

――どういったことを研究したいと思われたのですか？

国や社会の仕組みに興味を持っていました。当時はバブルがはじけようとしていた頃で、物事の流れは激しく、人々の価値観もどんどん変わっていく。これからの世の中はどうなっていくのかを追求したかったのです。

出版という仕事の中では、こうした思いを実現することができました。入社直後は『Ｖｏｉｃｅ』というオピニオン誌の編集部に配属されて、まさにそういったテーマを取り上げさせてもらいました。現在携わっている本作りにおいても、問題意識はつながっています。

そういった意味で、編集は自分にとっていい仕事でした。出版業界はここ数年縮小傾向にありますが、この業界を活性化するためには、何よりも優秀な人材にたくさん集まってもらわなければなりません。出版編集の仕事はとてもやりがいのある仕事だと声を大にして言いたいですね。

著者との付き合い方を学んだ新人時代

——新人時代のエピソードを聞かせてください。

1、2年目はドタバタでした。著者との締切の駆け引きがまったくわからず、こっちが切羽詰まっていても、それが著者にはうまく伝わっていなかったこともあります。

ある作家に原稿を依頼したときのことです。その方は締切を守らないことで有名でした。ずっと山の上ホテルで缶詰め状態になっていたのですが、責了日になっても原稿が来ませんでした。そうしたら、翌日に来てくれと呼ばれて、上司と2人でホテルに行くと、ついでにビールを2本、下のロビーで注文してくれと言われ、言われた通りにビールを2本持って行ったんです。

私はてっきり原稿がもうできていると思って、乾杯するつもりで持って行ったら、まったくそういうわけではなかったんですよね（笑）。まだ原稿を1行も書いていない、酔っぱらった著者が待っていたのです。そして、「すまん」と言って3000円を取り出して、「これでテープレコーダーを買ってきてくれれば、今ここでしゃべるから」と言われました。私はもう真っ青になったんですが、上司はそれを見越してテープレコーダーを持ってきていたのです。

――準備がいいですね。

のん気だったのは私だけだったんですね（笑）。それでしっかり口述を録音して、「後は頼んだぞ」とポンと上司に肩を叩かれました。それが徹夜明けの朝8時ぐらいで、そこから原稿を作成して夕方には印刷所に渡しました。今から思うと本当にハードでしたが、そのような経験から、著者との付き合い方を学んでいきました。

コミュニケーション力

原稿をほめて著者を育てる

――著者とうまく付き合う秘訣は何ですか？

基本的には著者にとって励みになることを言うようにしています。著者にモチベーションを高めてもらっていい原稿を書いてもらうのも編集者の仕事ですから。

書き直しをお願いしなければならないときは、すごく気を使いますよ。原稿を繰り返し読んで、長所をたくさん見つけてから、そのうえで、「こうしたほうがよりいいのではないでしょうか」と提案する姿勢で話します。

――お願いする前にはかならずほめているんですね。

5つほめてからひとつお願いするぐらいのつもりでやっています。実際にどんなにつまらない原稿でも、読み方を変えれば面白い部分がかならず見つかるものですし、人物にしても、原稿にしても、努めていいところを見る姿勢は大切だと思います。編集者がつまらないと思ったら、その原稿はなかなか面白くならないのではないでしょうか。

――著者への提案はどのようにしているのですか？

自分の意見が正しいと断言できないということもあるのですが、著者自身に納得してもらうためにも、私の場合、断言はできるだけ避けるようにしていますね。著者に提案する前に、「どう思う？」と周りの人にヒアリングをすることもあります。編集部でタイトル会議をするのは通例で、それ以外にも他の編集部に意見を聞いて回ったりします。もちろん営業にも聞きます。私はどちらかというと柔軟に第三者の意見を取り入れているほうだと思います。

――なぜ人の意見を聞くことが必要なのですか？

自分の読みたい本という視点だけでは、売れる本は作れないからです。ひとりよがりにならないように、常に人と自分の意見を共有するようにしています。

他社の有名な編集者の方が、座右の銘に「タイトルは自分でつけるな」という言葉をあげておられるのを見て、ヒットメーカーとはこういう心持ちなのか、とびっくりしたことがありました。だけどその通りなんですよ。実際に仕事ができる先輩ほど、うまく人の意見を取り入れて形にしています。

そういう意味では、頭が固い人間は編集の仕事には向かないかもしれません。いかに柔軟に他人の意見を取り入れられるか。そして、自分の考えていることは「もしかしたら間違っているかもしれない」と引き返せる力が必要だと思います。

時間管理力　コミュニケーション力

自分も切羽詰まらせるスケジューリング術

——他に著者とうまく付き合う秘訣はありますか？

段取り、いわゆるスケジューリングも編集という仕事のカギとなってきます。極論を言うと、締切をきっちり守ってそれなりの原稿をあげてくる人と、締切はギリギリだけど、すごく面白い原稿を書く人とだったら、私は後者と仕事がしたいと思っています。忙しい方に頼むと、原稿が遅れてこちらが大変になるのはわかっているのですが、大変な部分はスケジューリングで何とかすることができますから。

――スケジューリングのコツは何ですか?

雑誌で真っ白なページって見たことがないじゃないですか。つまりスケジュールがどんなに遅れていても、最終的にはページは記事で埋まるのです。多忙な著者と何度も仕事をしてきた経験と反省から言うと、遅れる理由はただひとつで、切羽詰まった状況が著者に伝わっていないからだと思います。「明日までに何とかしますから」と著者に言われて、「わかりました」では、多忙な著者から原稿はもらえません。「まだ余裕があるな」と見透かされてしまう。「本当にまずい」という危機的な状況を切実に伝えることが大切です。

ではその「切羽詰まった感」を、相手にどう伝えるのかというと、私は根が正直でうまくウソがつけないから、自分も切羽詰まることにしています。締切を勝手に早めてしまうのです。スケジュール帳にも架空の締切しか書かない。そうすればうまく回せます。

分析力

本が好きかどうかは適性とは関係ない

――編集者に適性があるとすれば何でしょう？

たくさんの先輩方や後輩を見てきましたが、誰が見ても卓越したセンスを持っている人はごく一握りです。新人の指導をしていて3カ月ぐらいで何も教えることがなくなるような優秀な人も確かにいます。でも、そうでなければ編集者には向かないかというと、そうでもないと思います。私自身、新人時代は段取りが悪くて徹夜が続き、あまりの過酷さに「この仕事に向いていないのではないか」と悩みましたが、そのことを先輩に相談したところ、「俺もそうだった。最初はみんなそう思うんだよ」とフォローしてくれました。当時も勇気づけられましたが、その先輩が、現在サンマーク出版で多数のベストセラーを出している高橋朋宏さんですから、今振り返っても励みになる言葉だと思います。

――編集力は才能ではないということですか。

マスコミ業界ということで華やかなイメージがあるかもしれませんが、編集者の仕事は実のところ、日々の雑務が大半を占めます。私も初めて雑誌の編集部に配属になったときには、ページ番号をすべて手作業で数えてチェックしていることに驚きました。いくら電子化してコンピュータで組版ができるようになっても、その部分はほとんど変わらない。そして、こうした作業をおざなりにしたら、いい本は作れないのです。

おそらく、クリエイティビティと言われるものは、手作業を通じてしか生まれない。だから仕事を丁寧に着実にこなせる人が、編集者の第一の条件と言えるかもしれません。特に新人のうちは背伸びせずに、任された仕事をしっかりこなすことに重点を置けばいいのではないでしょうか。

——他にはどのような適性が考えられますか？

編集者を志望する人は、本が好きな人が多いと思いますが、ＰＨＰという会社ではどうしても「売れる」という要素が編集者に要求されるので、「売れる本を作る適性」と言いかえると、「本が好き」ということは、それほど編集者の適性とは関係がないかもしれません。

本が好きな人は、自分が読みたい本を作りたいという願望を持っていると思いますが、本が好きな人が買う本と、そうでない人が買う本は、まったく別の種類の商品だと考えたほうがいいと思います。あるいは、ベストセラーばかり読んでいる人が、ベストセラーを作れるのかというと、そうではないと思います。

私自身、ベストセラーといわれる本はほとんど読みません。もちろん仕事上必要があるときには読みますが、個人的に読もうとは思わない。私が買う本は売れていない本ばかりです（笑）。でも、それがむしろよかったと考えています。売れる本を作るためには、「本が大好きなんです」という情熱を持っていることとは関係なく、冷静な視点を持つことが必要かなと思います。

――冷静な視点とはどういうことでしょうか？

人の意見をうまく取り入れることです。会社勤めをしている以上、売れる本を作らなければいけないというプレッシャーが強くなります。ですから、本が好きな人は悩むんですよ。本が大好きで作りたい本がある。でも自分の作りたい本には売り上げが伴わない、と悩んでしまう人はちょっと大変かもしれません。現在は、どこの出版社でも、大型書店の毎日の売り上げデータを入手しています。どの本が売れた、どの本が売れないというのが一目瞭然なわけです。

――シビアですね。

本当にシビアですよ。コンビニのPOSシステムのように、購入者の性別から年齢層まであらゆるデータが出てくる。データベースという点でいえばとても有用なツールですから、参考にして企画を立てたり、著者を選択する判断材料にしたりと、仕事に上手く活かせば面白いのですが、本が売れるごく一部の著者に執筆依頼が殺到するといったよくない傾向もありますね。問題点だと思います。

――データをもとに企画を立てる面白さとは何でしょうか?

読者というのは不特定多数の人たちです。データで読者像が完全に描けるわけではないのです。かならず読者がいるところに本を出すのではなくて、データをもとに「ここにはもしかしたら読者がいるのかな」と推測しながら、新しい本を世の中に提案していく。新しいことに挑戦すると失敗するケースが多いのですが、受け入れられるかどうかは、やってみないとわからないですからね。毎月発刊するたびに状況を確認しながら、世の中の動きを多少なりとも反映させて、その中で新しい動きに結びつくような本を出すことができれば楽しいですよね。

新書の新しいかたち

――新書を多く担当されていますね。新書の特徴とは何ですか？

単行本と違うのは、まず見た目でいうと装丁の差がほぼないに等しいということです。特に同シリーズ内では著者名とタイトルが違うだけと言っていいでしょう。装丁で差がつかないとなると、帯が重要になってきます。

ＰＨＰ新書の場合は、タイトル位置の関係で帯の幅を広げるには上限がありますが、他社の新書の帯幅はどんどん広くなっています。帯がカバーの半分以上を占めているものも、めずらしくなくなりました。

――帯はどこに気を使っていますか？

帯のコピーについては、書店で実際に本を手に取ってくれる方は、まだ本の中身については知らないわけですから、あまり内容に引っ張られすぎないようにしています。

個人的には全体を通してシンプルな本作りが好きで、書体は基本的にリュウミンと決めていますし、タイトルも小見出しも、短いものが好きですね。新書は装丁よりも中身で勝負だと思っています。

──中身にはどんな特徴がありますか？

教養新書は転換期を迎えています。昔は教養新書というと、高度な内容が一般の読者向けにコンパクトにまとまっていることで読者の支持を得ていたと思うんですが、創刊ラッシュの後、現在は発刊点数も月140点とずいぶん増えて、その枠組みがかなり変わりました。一部の新書愛読者の方には、新書市場が荒れている……ようにも見えるようです。

──荒れているとはどういうことでしょうか？

新書はもともと、教養新書と実用新書、そしてノベルズといったジャンルに明確に分かれていました。ところが、ここにきて教養新書の枠の中に実用新書のようなものがどんどん入ってきています。一部ノベルズも入ってきていますから、まさに「何でもあり」といった状況です。

PHP新書も、13年前の創刊時に比べて、ビジネスマン向けのラインアップがずいぶん増えています。それはかなり意識的にやっていることで、結果として読者層はかなり広がったと思います。

――新しい読者を開拓した、ということですね。

そう考えています。でも、門戸を広く構えるために、内容を入りやすくわかりやすくすると、同じ教養新書でも印象が全然変わってくるんですよね。今までのコアな新書の読者からしてみると、読み応えがなくなったと思うのは当然のことで、賛否両論あることは覚悟のうえで作っています。

より多くの人に役立つ情報を提供できて、読者がそこから何か学びとってくれるなら、従来のジャンルに固執しなくてもいいのではないでしょうか。「教養」の定義は時代によって変化していくものだと思います。

特に、いかに読みやすくするかという観点は、これからの新書にとって不可欠だと思います。ネットや携帯のコンテンツとの競争を考えても、文字は大きく、ページ数は少なくという方向が主流になるでしょう。

企画力

専門家が専門外のテーマを書く

――読みやすくなったというのが新書の特徴ですか?

これまではあるテーマの新書を企画するときには、そのテーマの切り口の斬新さが非常に重要なポイントでした。テーマの扱い方に、著者も編集者も腐心しました。でも現在は、新書といえどもいかに読みやすくするか、いかにわかりやすくするかのほうに、より知恵を絞っているのではないかと思います。

もうひとつ、売れている新書には興味深い傾向があります。ある分野の第一人者が、専門外のジャンルについて書いたものが大ベストセラーになっているのです。たとえば、400万部を超えた『バカの壁』(新潮新書)はコミュニケーション論と言っていいと思いますが、著者の養老孟司さんは解剖学者です。PHP新書のベストセラー『頭がいい人、悪い人の話し方』も、250万部の大ヒットだったわけですが、著者の樋口裕一さんは予備校の小論文の名物講師でした。古くは『「超」整理法』(中公新書)の野口悠紀雄さんは経済学者ですし、最近では『悩む力』(集英社新書)を書いた姜尚中《カンサンジュン》さんの

すべては音楽から生まれる
茂木 健一郎 著
PHP 研究所

ひらめきの導火線
茂木 健一郎 著
PHP 研究所

専門は政治学ですが、新書の内容は人生論でした。

脳科学者の茂木健一郎さんの本も、こうした例に当てはまると思います。『すべては音楽から生まれる』は音楽がテーマです。『ひらめきの導火線』も、トヨタの工場を見学してもらって、そのときのイメージをもとに日本人にとって創造性とは何なのかを論じてもらいました。どちらも10万部売れましたから、脳科学をあくまで背景にとどめたことが功を奏したのだと考えられます。

——専門家とその専門外のトピックをどのように結びつけているのですか?

テーマや切り口は、普段の著者とのやりとりから出てくることが多いですね。『ひらめきの導火線』はこちらからの提案でしたが、著者から「こういうことをやってみたい」と提案されることもあります。著者に提案をすると、「イエス」「ノー」だけではなく、別の案が返ってくることも少なくありません。

芥川賞作家の平野啓一郎さんの『本の読み方』は、速読とは正反対のスロー・リーディングについて書かれていますが、もともとは「文章読本」をテーマに書いてもらおうと考えていました。でもやりとりをしている間に、平野さんのほうから遅読について書きたいという話が出てきて、それで1冊作りましょうということになったのです。

本の読み方
平野 啓一郎 著
PHP 研究所

――そうやって新しい切り口の本が売れるのですね！

いや、そのテーマが実際に売れるかどうかについてはほとんど予測不可能です。ＰＨＰ新書は月に５点前後を発刊していますが、書店に並ぶ前にその５冊を机の上に並べてみて、どれが売れるだろうと予測をしても、なかなか予想通りの結果にはなりません。売れ行きは、結局のところ書店に出ないとわからないのです。

でも、書店に出た途端に結果が出ます。東京で売れた本は、大阪でも売れるし福岡でも売れています。逆に、東京で売れない本は、全国どこでも売れていません。市場に出回ったら答えは一目瞭然なのですが、出るまでは売れ行きがわからない。それがとても面白いと思うんです。

――狙い通りにはいかないものなんですね。

作り手の意図と読者のニーズとの間にある溝は、深くて決定的なものです。克服する方法に正解はない。つまり狙ってベストセラーを出すことは原理上不可能だと思います。しかし、だからこそ、それをいかに乗り越えていかに多くの読者に読んでもらうのか。実際に本を世に送り出すことによって問いかけられるところが、書籍編集の面白さだと思います。

大ヒット！『女性の品格』

女性の品格
坂東 眞理子 著
PHP 研究所

——『女性の品格』の大ヒットも予測不可能でしたか？

まったく予測できませんでしたね。ブームに火がつく前も、ひと月に1回くらいの順調なペースで増刷されていて、この本には読者がついているなと安心はしていました。ところがその安心が、半年後ぐらいから驚きに変わっていったんです。

——半年後に何が起きたのですか？

本の発売が２００６年の9月で、翌年の1月から日本テレビ系列のテレビドラマ「ハケンの品格」が始まったんですよ。このドラマの視聴率が尻上がりにあがっていって、それと同時に『女性の品格』の部数も伸びていきました。２００７年の3月で10万部だったのが、ドラマが終わっても売れ行きは落ちずに、とうとう7月には１００万部を超えました。

——「品格」がキーワードだったんですね。

実はその前に藤原正彦さんの『国家の品格』（新潮新書）という本が出ていて、「品

親の品格
坂東 眞理子 著
PHP 研究所

格」という言葉は２００６年の流行語にも選ばれています。だから、ドラマが終わったら本の売れ行きも止まるかなと思っていたら、止まらなかったので、そこで改めて営業に販売戦略を練り直してもらいました。書店での置き方を変えてもらったり、著者の坂東眞理子さんは及び腰だったのですが、お願いしてメディアにも積極的に出てもらいました。

その後、次第にテレビのほうから出演依頼をいただけるようになって、さらに部数が伸びましたね。今では累計３０６万部で、続けて発刊した『親の品格』も80万部以上売れました。

――品格ブームの他に、売れた理由は何だったと思いますか?

ひとつは、今までの新書の読者よりも、敷居を低く下げたことです。坂東さんは女子大学の先生でしたので、女子大学の新入生に向けたメッセージのように書いてほしいとお願いしました。書体を大きくして、各項目を短くし、すぐに小見出しがくるようにして、普段あまり読書習慣がない人にも読みやすくしてあります。

――読者層を広くとらえたんですね。

『頭がいい人、悪い人の話し方』が売れていた頃に、読者からかかってきた電話を受けて衝撃を受けたことがあります。若い男性のようでしたが、「職場の先輩にこの本を読めとすすめられたから買ったんだけど、文章に漢字が入っていて読めません。ひらがなだけで書いてある本は売っていませんか」と言うんですよ。ミリオンセラーの本は、こういう人まで手に取っているのかと考えさせられました。

あとは「売りたい」と思う気持ちですね。売れることは会社にとってもいいことですが、著者と編集者にとっても純粋にうれしいことです。この内容でいいのだろうかと悩みながら、著者と二人三脚で作ってきたので、それが結果として表れはじめたときはうれしかったですね。そして、30万部を超えたあたりから、これはもしかしたら100万部に届くかもしれない、滅多にないチャンスだから、できるかぎりのことはやりたいと私自身思いましたし、改めて著者も営業も含めて一丸となって取り組んだことが実を結んだのだと思います。

編集者とは著者と読者をつなぐメディア

――最後に横田さんが編集者として一番大切にしていることは何でしょうか？

編集者とは、著者と読者の間をつなぐところにいる「メディア」です。著者にとっては最初の読者が編集者であるし、読者にとっては本を提供する立場にいます。いかに著者と読者をうまくつなぐのか、多くの人たちの意見をうまく取り入れながら、これからも自分が「橋渡し」としてうまく機能することを意識してやっていきたいと思います。

そして、本に対する思いが強ければ強いほど、読者とのあいだにズレが生じることに注意しないといけないと思います。異性に告白をするときも、思いが強すぎると空回りしてしまい、話せば話すほど相手から引かれてしまったりするものです（笑）。結局のところ、どれだけ今手がけている本に対して強い思いを持てるか。それとともに、客観的な視点を確保できるか、思いを秘めることができるか、ではないでしょうか。

――どうもありがとうございました。

スゴ編 No.009

三笠書房

清水《しみず》 篤史《あつし》 さん

		経歴
1963	2	神奈川県 横浜市 生まれ
1996	7	株式会社 三笠書房 入社
2000	10	『仕事ができる人 できない人』堀場雅夫 75万部
2002	3	『30代から始める頭のいい勉強術』和田秀樹 9万部
2005	5	『斎藤一人 15分間ハッピーラッキー』舛岡はなゑ 8万部
2005	7	※『サラリーマンが株で稼ぐ一番いい方法』シリーズ 二階堂重人 累計20万部
2006	2	※『グーグル完全活用本』創藝舎 33万部
2008	4	※『たった3秒のパソコン術』中山真敬 50万部
2008	11	※『頭のいい説明「すぐできる」コツ』鶴野充茂 25万部
2009	4	『働き方』稲盛和夫 14万部

※文庫本書き下ろし

愛用グッズ	ストレス解消法
学生アルバイトの方から頂いた「フラットクリンチホッチキス」。25枚くらいの紙の束なら平気で留められる"ゲラ作業の強い味方"。	①食事中、息子と娘の話を聞くこと。②同年輩オヤジ諸兄とのロックバー巡り。③ミサ曲を聴くこと。

大切なのは「目の前にはないもの」

――編集者になろうと思ったきっかけは何ですか？

もともと本好きで、学生時代から「本作りに携わりたい」という漠然とした思いがありました。ただ、自分は性格的にも能力的にも作家でなく、作家と読者を結びつける「橋」とも言うべき編集者に向いているだろうと、勝手に思っていましたね。しかも、作家と読者をただ結びつけるのではなく、原稿に付加価値を加えて、その出会いをさらに有意義なものにしたいと、生意気なことを考えていた覚えがあります。

――どんな本を作りたいと思われたのですか？

いきなり大上段に振りかぶって恐縮ですが、学生時代、ドストエフスキーの『カラマーゾフの兄弟』を愛読していたんですね。この1冊によって書籍の持っている可能性に目覚めたと言えます。

当時、僕は純真な青年だったので、影響を受けやすかったのでしょう。この小説、19世紀ロシアのある田舎町を舞台に、縦横無隅に多種多様なストーリーが目まぐるしく展開するんです。とにかく濃い。さらにテンションが高い。1冊の本の中に、「保守と革新」「聖的なものと悪魔的なもの」「親と子」「兄と弟」「男と女」、それぞれの対立、相克、愛憎などなど、これでもかと言わんばかりにたくさんのテーマが入っているんです。

で、読んでいるうちにふと思ったんです。この小説、きっと、いつの時代の、どの世代の人が読んでも、かならずどこかに「自分の問題」を見つけることができるはずだと。つまり、誰が読んでも共感できる部分がひとつはある本だと思ったんです。

『カラマーゾフの兄弟』は文学ですが、文学でなくても、このようなスケールの大きな本を作れないだろうかと、そんなとんでもなく生意気なことを考えていましたね。平たく言えば、親でも子でも、男でも女でも、どんな人が読んでも面白いと思ってもらえるような、そんな本作りがしたいと思っていたわけですが。

――学生時代はどんなアルバイトをされていましたか?

家庭教師から始まって、水泳のコーチ、参考書会社のアシスタントなどなど、いろいろなことをやってましたね。中でも、コンビニエンスストアのアルバイトは印象に残ってます。影響を受けやすかったのでしょう。

実際、コンビニのアルバイト体験は現職にとても役立っていると思います。ひと言で言えば、お客さん目線、つまり読者目線で考えるということ。「売りたいものは売れない。買いたいものが売れる」といったことを勉強させていただきましたね。

書籍編集というのは、ある意味、孤独な作業が多く、仕事の過程で、書店さんの売り場や読者の顔が見えなくなってくることがあるんですよね。そんなときはお客さん目線や読者目線で考える。「自分が売りたいもの」でなく「書店さんが並べたいもの」「読者が買いたいもの」をイメージしてみる。

具体的には、今、自分が作っている本が、書店さんのどのコーナーに、どんな本の隣に並ぶのか。さらには、その本を見た読者はどう感じるかをイメージしてみるんです。すると、けっこう軌道修正ができるときがあるんです。典型的なマーケットイン型の発想ではありますが。

そしてもうひとつ、コンビニのアルバイト体験では、「目の前にないものを考える」「目の前にないものを探す」ということを学びました。僕がお世話になった店長はとてもアグレッシブな方で、「一番売れる商品は店内にはない」という考え方の持ち主でしたから。「自分の店にある商品で一番売れる商品は何か」ではなく、「自分の店にない商品で一番売れそうな商品は何か」といった発想をされていましたね。当然、かなり影響を受けました。

これって、編集でも同じことが言えると思うんです。原稿があがってきたとき、もしかしたら、この中にないものが一番大切なことなのかもしれない、と考えるようにしています。「自分の原稿にない情報で、一番必要な情報は何か」という発想ですね。たとえば、著者の先生やライターさんに企画を考えてもらおうと、弊社の目録を渡すことがあるんですが、そのとき、半分本気、半分冗談で「あんまりじっくり見なくていいですよ。そこに来年のベストセラーはありませんから。それは先生に考えていただきたいんです」と言うんです。

読者の嗜好の移り変わりが激しいこの時代、目録の延長線上にベストセラーがあるかについて僕は懐疑的です。来年はまったく違うブームがくるだろうし、同じ1年でも前期と後期では読者傾向が変わりますからね。つまり、僕らは、目の前にないものを考えなければならないわけです。

当時は、小売店でのアルバイト体験がこんなふうに後の仕事に活きてくるとは考えもしませんでしたし、まさかこんなふうに人に話すことになろうとは想像だにしていませんでした。ですから、学生時代は業種にとらわれずに、積極的に幅広い経験を積むことが大切だと思います。

コミュニケーション力

指示型から提案型へ――これが仕事の流れを変えた！

――新人時代のエピソードを聞かせてください。

時代の風潮かもしれませんが、当時、僕の上司は、「本作りにおいては、編集者が一番最初にテーゼ、つまり命題なり意見なりを出す」という考え方を持っていました。

それをふまえて、まずは編集者が見本原稿を書くということをやっていたんです。見本原稿とは、編集者がはじめに第一原稿を書いて、著者に僭越《せんえつ》ながら「このように書いてほしい」と、その名の通り、見本にしていただく原稿のことです。

自分なりの最高のものを上司に見せて、上司の確認がとれたものを著者に見せるわけですが、たいがい「これが見本か！」となじられるんですよ。そのたびに、自分が会社や著者の要求に応えられていないな、という悔しさを感じていました。それが僕にとって一番最初の大きな壁でしたね。

ところが、なじられているうちに、こちらも要領がつかめてくる。いろいろなことが見えるようになってくる。僕は最初から百点満点の原稿を持って行こうとしていたんです。「このように書いてください」というスタンスで、著者の先生に原稿を見せていたわけです。そこが間違いだったんですね。

理想的な見本原稿とは、「読者はこういう原稿を読みたがっているんです」ということを著者の先生に伝えるものなんです。つまりは「指示型」の見本原稿ではなくて、「こういう原稿を読んでみたい」という「提案型」の見本原稿にするべきだと気付いたんです。

たとえば、見本原稿だからといって、原稿を全部は書かないようにする。「読者の指針とするべく、ここに、先生がお考えになる、現代の20代サラリーマンの最大の長所と最大の欠点をひとつずつお書きください。」などと、大筋の方針だけ書いておいて、あとは空欄にしておくのです。すると著者の先生も原稿が書きやすくなるんです。

見本原稿を「提案型」に変えた途端、仕事がスムーズに進むようになりました。ついこの間まで僕をなじっていた著者の方が、すごくのってきてくれて、「君がこういう切り口で考えるのなら、こういった内容を入れてみてはどうか」などと、積極的に提案をいただけるようになりました。こちらからテーゼ、意見を問うことで、モチベーションを高く維持していただけたのだと思います。

企画力

「読んですぐわかる、すぐできる」

——本を作るうえでのこだわりは何ですか？

「読んですぐわかる、すぐできる」をモットーに本作りをしています。現在の書籍文化のひとつの源をお作りになった神吉晴夫《かんきはるお》・光文社第二代社長の「神吉イズム」を、若い頃はずいぶんと教えられました。その神吉氏の言葉に「すべての本は実用書である。小説でさえも実用書である」というものがあります。最近は、この言葉をかなり意識していますね。それで「読んですぐわかる、すぐできる」。ただ、「読んですぐ理解できる」

頭のいい説明「すぐできる」コツ
鶴野 充茂 著
三笠書房

というのは当たり前です。さらに「すぐできる」というのがポイントになる。たとえば歴史の本を作るときでも、「すぐ理解できる」という教養書としての側面に加えて、「すぐできる」という実用書としての側面も意識しています。その実用性とは、ただの会話のネタになるといったレベルでもいい。読者にとってすぐ実践できるという方向性で作っています。

――「読んですぐわかる、すぐできる」本とはどのようなものですか?

「すぐわかる、すぐできる」なので、結論から入ることを常に意識しています。文章の起承転結という言葉がありますよね。僕の想定読者層を考えると、起承転結は少しまどろっこしいな、と思うのです。現代の読者は時間に追われていて、答えを早急に知りたがっている方が多いので、大切なことは初めに書くことを意識しています。それが「すぐわかる」原稿につながると思います。それについてはまさしく、２００９年の文庫本ベストセラー『頭のいい説明「すぐできる」コツ』に書いてあることとも一致します。

　また、「ワンニーズ、ワンテーマ」を意識して、内容的にも、できるだけシンプルな本作りをすることを心がけています。今は１冊の本に対する購読ニーズがはっきりとしていて、著者の魅力を1冊で全部知ろうという人はあまりいないと思うんです。ですから、無理に著者の魅力をすべて詰め込もうとするのではなくて、ポイントを絞って読者のニーズをしっかりと満たすことを第一義に考えています。

ひとつでも多くの意見を出す

——本作りをするうえで意識していることは何ですか？

「ひとつでも多くの意見を出すこと」でしょうか。僕がまだ30歳くらいのときの話ですが、ベテランの校正者の方に「校正者の能力はどこでわかると思うか？」という問いかけをされたことがあります。

その答えは「校正者の能力は赤字の量に正比例する」。「同じ原稿を読んでも、優秀な校正者が読めば赤字は多いし、そうでない校正者が読めば赤字は少ない」とおっしゃっていました。そこであまのじゃくな僕は「でも、出来のいい原稿だったら、校正者の優劣に関係なく、赤字の量は少ないんじゃないんですか？」と聞いたんです。すると「優秀な校正者は、そこから赤字を見つけ出すんだよ」と言われました。

そして次に「優秀な編集者はどこでわかるか?」と問いかけられたのです。すると、答えはずばり「編集者の能力は意見の量に正比例する」。なるほどな、と思いました。企画に対する意見、タイトルに対する意見、著者に対する意見、装丁に関する意見などなど、意見の数が多いということは、それだけ「考えている」ということですからね。当然、引き出しの数も増えるし、「理想的な答え」にも近づく。ですからそれ以来、ひとつでも多くの改善点を見つけて、まず自分自身に意見を言うようにしてきました。

僕は、編集者の意見は、本作りの起点だと思います。ただ、その起点がどちらの方向に行くかを決めるのは編集者だけではない。理想的な本作りをするには、著者、上司、同僚、デザイナーなどなど、複数の人たちの意見を通過させるべきですよね。その中でも、担当編集者が一番最初にテーゼ、こだわりと言ってもいいでしょう。意見を出すべきですよね。

それに対して「いいね」と言われるときもあれば、ときには「それよりも、こうなんじゃないか」というアンチテーゼが返ってくることもある。それをもんでいくと、より「理想的な答え」、つまり、ジンテーゼに昇華されるわけです。

たった3秒のパソコン術
中山 真敬 著
三笠書房

朝令暮改できるスキル

——編集者に向いている性格は？　また編集者が持っておくべきスキルなどありますか？

編集者に向き、不向きの性格はないと思います。だいたい僕はひとつの物差しで人を測るというのは好きではないんです。人さまざまなので、いろいろなタイプの編集者がいると思います。

スキルについて言えば、「朝令暮改できるスキル」というのは必要かもしれません。先ほど、こだわりについて話しましたが、編集者としてこだわりを持つことはとても大切だと思うんですよ。でも、それと同じくらい、「こだわりを捨てるこだわり」も必要だと思います。言いかえると、本のために人の意見を聞けるスキルですね。

たとえば、２００８年の文庫本ベストセラー『たった3秒のパソコン術』は朝令暮改の一例と言えるかもしれません。この本は2色刷りなのですが、一般的に2色刷りの場合、見やすく、やわらかい印象になるという理由から、マゼンタ（赤）など、暖色系を使うことが多いんです。

そこで、僕が「マゼンタ（赤）を使います」と著者の中山先生に確認したところ、

「シアン（青）でいきたい」とおっしゃったんです。なぜかというと、電車の中で本を読むとき、マゼンタ（赤）だと隣の人が反射的にチラッと見るので、本に集中できないとおっしゃるんですね。なるほど、と思いましたね。本が好きな人は、本を読んでいる時間は自分の世界に入り込みたいという方が多いと思います。そこで「シアン（青）でいきたい」という新鮮な意見をいただき、朝令暮改したんですよ。

つまり、大切なのは、「どうやったら自分の意見を通せるか」ではなくて、「どうやったら読者に喜ばれるか」ということなのです。ですから、これは違うんじゃないか、と言われたら、僕はコロッと意見を変えるときもありますよ。

よく「気が変わるの早いね」などと言われるんですけど、それは真っ当な意見、読者に役立つ意見に納得しただけなんですよね。読者のために反対意見を受け入れられる人こそが、読者目線に立てる人ではないでしょうか。

インプット力

理解不可能な本こそが原動力

——普段気をつけていることはありますか?

編集者としての基本ですが、書店には定期的に足を運ぶようにしています。ウィークデーはなかなか時間がとれないので、週末に書店にリサーチに行きます。もちろんネットから書籍の情報を入手することもできますが、やっぱり本はアナログの物体ですから、実物を触って中を広げて見ないことにはイメージできません。そして本の装丁を考えるときも、その本単体のデザインだけではなくて、書店でどんな本に囲まれて並ぶか、というバランスも重要になってきますから、売り場には頻繁に行きますね。

書店に行くと斬新な本をたくさん目の当たりにします。装丁の使い方、タイトルなど、中には理解不可能なものもあります(笑)。でも、そういった理解不可能なものが僕の原動力にもなるんです。「こんな発想があるのか!」と焦るんです。そうすると、僕はせっかちなのですぐ仕事をしたくなるんですよ(笑)。そうやって自分を追い込んでいるのかもしれません。

責了日まで諦めない！

――ベストセラーに法則があるとすれば、何だと思われますか？

それに即答できれば、実際の仕事で苦労をしなくてもすむんですが。法則なんかないんじゃないですか。ただ、ベストセラーを生み出している編集者と話していて感じるのは、例外なく情熱的な方ばかりですね。彼ら、彼女らのお話を聞いていると、ベストセラーは「編集者の情熱」からのみ生まれるように思います。つまり、情熱のある編集者はベストセラーを出すし、ベストセラーは情熱のある編集者が編集をするということですね。

――情熱とは何でしょうか？

情熱とは、その本について、著者よりも誰よりも、一番真剣に深く考えているということだと思います。僕の中で「責了日までは諦めない」という標語があるんですよ。著者の先生は原稿を書いたら、もしくはゲラを戻したら終わりですけど、編集者は終わりではないんです。いくら会社がＯＫを出しても、著者がＯＫを出しても、僕は責了（責任校了）直前の最後まで考えます。

本は最後の最後までどうなるかわからないし、逆に言えばどうにでもなるんです。もしかしたら、直前になって帯コピーのいい文言が浮かぶかもしれない。読者のニーズにもっと近づけるコピーが浮かぶかもしれない。

――責了日まで考えることが尽きないですね。

僕がまだ若い頃、同じ年代の編集者が何人か集まって仕事の話をしたことがあるんです。そこで、本のタイトルが決まった後、どこに一番力を入れるべきかという話になったんですね。「俺は前書きだな」とか「俺は帯コピー」「いや、冒頭の1行だ」などなど、みんないろいろな意見を言っていたわけです。僕は「見出しですね」と言ったと思います。

そして、その日から何年も経った後に、ようやく答えのようなものがわかったんですよ。それは、その話し合いで出た、すべてのことなんです。どれかひとつではなくて、その全部に力を入れることができる人が、情熱のある編集者なのだと思います。

本というものは、工夫を凝らせば凝らすほどいいものになると僕は考えています。そして、その本についてそこまで真剣に考えるのは担当編集者しかいないですよ。本作りに終点はないのでしょうね。

コピー力　企画力

待望の続編！

――新刊について紹介してください。

頭のいい質問
「すぐできる」コツ
鶴野 充茂 著
三笠書房

たった3秒の
パソコン仕事術
中山 真敬 著
三笠書房

『頭のいい質問「すぐできる」コツ』を２００９年10月に、『たった3秒のパソコン仕事術』を２０１０年２月に刊行しました。それぞれ、よく売れた『頭のいい説明「すぐできる」コツ』と『たった3秒のパソコン術』の続編企画です。これから第三弾、第四弾とシリーズとして続けていって、それを会社のひとつのブランドにしたいという思いで作りました。

『頭のいい質問「すぐできる」コツ』は、目の前の相手と理解し合いたいという思いはあるのだけれど、テクニックが不足しているために、誤解を生んでいることがけっこうあるのではないか――という考えから生まれました。想定読者を30代のビジネスパーソンに絞り、先ほどお話しした「読んですぐわかる、すぐできる」を意識して本作りをしました。第二弾企画の難しいところは、第一弾に似すぎず、違いすぎず、という匙《さじ》かげんでしょうね。

――前回の『頭のいい説明「すぐできる」コツ』と違うところはどこでしょうか？

自分は説明が下手だな、と思う人はたくさんいると思いますが、質問が下手だな、と思う人はそんなにたくさんいないと思います。その意味で、説明より質問のほうが難易度が高いんでしょうね。レベルの高いテーマを扱っているので、いかに読者目線でわかりやすく説明するかというところに神経をそそぎました。

たとえば「なぜ？」「なぜでしょうか？」という質問はあまりいい質問ではないという項目があります。「なぜ失敗したんだろう？」と質問するよりは、「失敗した最大の原因は何だろう？」といったように、相手が考えやすくなる質問がいいわけですね。

ただ、そう書いただけではわかりにくいので、具体例をたくさんあげて、ビフォー、アフターを比較できるようにして、読者が読んで、質問の効果がすぐわかるような構成にしています。

――うまく説明や質問をするって、できそうでできないことですよね。

その「できそうでできない」というのがポイントだと思います。読者は、自分が絶対できないものについての本は、さほど必要としていないと思います。でも、「できそう

働き方
稲盛 和夫 著
三笠書房

でできない」というのが一番悔しいし、本を読めばなんとかなるかもと思いますよね。

――『たった3秒のパソコン仕事術』はどうですか？

これは、本作りのモットーである「読んですぐわかる、すぐできる」を形にしようとした本です。一番こだわったのはタイトル、サブタイトル、帯コピーでいかに即効性を訴求するかという点です。このような本を買う人はパソコンが苦手な人が多いと思うんですよ。タイトルで「パソコン」という文字を見ただけで、腰が引けるということもあるはずです。だから『この「ワザ1つ」で別人！』という、パソコンが苦手な人でも安心できるような文言を、あえて表紙にもってきました。

帯にも「この本はどうしてこんなに結果が出るの？」「とても簡単だからです！」という即効性を謳ったコピーを入れました。シンプルな表現を使ったことで、読者に親しみやすさも感じていただけると思います。

――単行本で担当された稲盛和夫京セラ名誉会長の『働き方』については、どうですか？

この本は、ある意味、プロダクトアウト型の発想で生まれた企画ですね。これまでお話ししたマーケットイン型の企画スタンスとはちょっと違います。

バブル経済が崩壊して、長期不況が10年にも及んだあたりから、日本人の人生観、労働観が大きく変化してきたように思います。その過程で、高度経済成長期には美徳とされていた汗をかいて働くことが疎んじられるようになり、労せずして大金を得たいと、いう風潮が強くなってきたように感じます。ただ、そういった価値観の変化が人間を幸せにしているようには決して見えなかった。

そのような時代状況に生きるビジネスパーソンに対し、京セラの稲盛和夫名誉会長に、「なぜ働くのか」「いかに働くのか」という働くことの意義・原理原則をわかりやすく説いていただこう――というのが、この企画の起点でした。２００９年4月に刊行して以来、着実に版を重ね、おかげさまで、現在14万部を突破しています。

楽しみ力

面白がれば面白くなる！

――清水さんの今後のビジョンを聞かせてください。

仕事は楽しんでやる、それに尽きます。楽しくなければいい本を作ろうという情熱もわきません。楽しめるかどうかは自分次第です。だから、楽しがる。つらいときも、面白がれば、面白くなるんですよ。

あと、先日、ある著者の先生から「今後、不景気で１２００円の本を買う人は減るかもしれないが、だからこそ６００円の本を2冊買う人は増えていくかもしれない」といった一見矛盾する読者の購買心理のお話を伺いました。今後は、価格とテーマの組み合わせといったものも考えていきたいですね。

――ありがとうございました。

編集者.jp(へんしゅうしゃじぇいぴー)
株式会社デジカルが運営する「編集」の仕事について考えている方のためのブログメディア。優れた著作を世に送り出そうと奮闘する編集者や、ベストセラーとなった書籍に焦点をあて、本作りの最前線から出版業界の展望を探る。同社は「売れる・読まれる本作り」と「Webサイトのメディア化」を通して、新しいコンテンツ流通のプラットフォームを作ることを目指している。

編集者.jp
http://www.henshusha.jp/

株式会社デジカル
http://www.digical.co.jp/

デザインビジネス選書

スゴ編。

カリスマ編集者から学ぶ7つの仕事力

2010年5月10日　第1刷発行

編著者	編集者.jp
カバーデザイン	渡邊民人[TYPEFACE]
本文デザイン	玉造能之[デジカル]
編集	中島 彩[デジカル]
発行人	大下健太郎
発行所	株式会社美術出版社
	東京都千代田区神田神保町2-38 稲岡九段ビル8F
	TEL.03-3235-5136[営業部]、03-3234-2173[編集部]

ISBN 978-4-568-24033-7 C0034

ビジネスパーソン向け 実践的デザインの本
「デザインビジネス選書」シリーズ刊行!!

企業間競争がますます激しくなる現在、デザインをビジネスに活かすかという問題は今や避けて通れない経営課題となりつつあります。そうしたビジネスパーソンのニーズに答えるべく、ビジネスで使えるデザインの考え方やノウハウをやさしく解説するシリーズとして、「デザインビジネス選書」シリーズを創刊しました。デザイン専門誌『デザインの現場』やデザイン専門書を長年発行してきた美術出版社ならではのノウハウを活かし、デザインをビジネスの視点からとらえた新しい読み物シリーズを続々刊行していく予定です。

好評既刊タイトル

『リトルスター・レストランのつくりかた』

リトルスター・レストラン 編

広告プランナーとデザイナーの夫妻が2004年に東京・三鷹で始めた小さなごはん屋さん。飲食店未経験ながら、お店のプランニング、デザインをすべて自分たちで手がけ、地域の有名店に成長。きついけど、儲からないけど、それでも幸せといえる生き方を選んだ二人の物語。

四六判並製、約224ページ、定価1500円+税

『企画書は見た目で勝負
契約が面白いほどとれる企画書デザインのコツ』

道添進 著、デザインの現場編集部 編

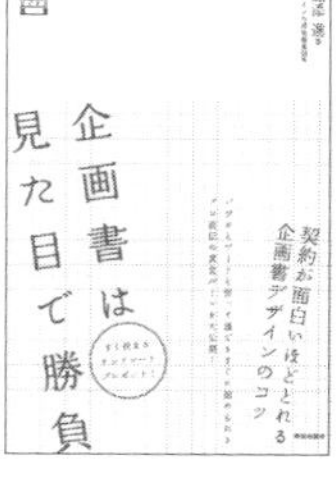

「企画書をつくったけれど、いまいち見た目が悪い」。そんな悩みを解決してくれる7つの黄金ルールを大公開。これさえ守れば、PowerPointやWordで誰でもプロ並みに見栄えのするビジネス文書がつくれます。企画書テンプレートがもらえる特典つき!

四六判並製、200ページ、定価1500円+税